명화로 만나는 생태

국립생태원 참여 연구원

[생태정보 제공 및 감수]

우동걸	윤종민	강종현	김두환
윤주덕	강창훈	박영준	

[기획위원]

강종현(생태교육)	김경순(복원연구)	김영건(복원연구)	박상홍(생태전시)
박영준(연구정책)	이태우(생태조사)	차재규(생태평가)	문혜영(미술사)
유연봉(출판기획)	이진원(출판기획)		

명화 선정 자문

이주헌(미술평론가)

명화로 만나는 생태

❾ 멸종위기 야생생물

발행일 2025년 7월 30일 초판 1쇄 발행

글 김성화·권수진 | 그림 조승연
발행인 이창석 | 책임편집 장지덕 | 편집 이정대 | 기획 문혜영
외주진행 아르떼203(편집 임형진 | 디자인 권석연) | 명화정보조사 서현주
발행처 국립생태원 출판부
신고번호 제458-2015-000002호(2015년 7월 17일)
주소 충남 서천군 마서면 금강로 1210 / www.nie.re.kr
문의 041-950-5999 / press@nie.re.kr

ⓒ 김성화, 권수진, 조승연, 국립생태원 National Institute of Ecology, 2025
ISBN 979-11-6698-640-6 74400 979-11-6698-000-8 (세트)

[일러두기]
명화 정보는 작품명, 작가명, 제작 연도, 소장처 순서입니다. 정보가 없을 경우 표시하지 않았습니다.

이 책에 실린 모든 글과 그림을 저작권자의 허락 없이 무단으로 사용하거나
복사하여 배포하는 것은 저작권을 침해하는 것입니다.

⚠ **주의** 다칠 우려가 있습니다. 본 도서를 던지거나 떨어뜨리지 않도록 주의하십시오.
★ 환경 보전을 위해 친환경 용지를 사용하였습니다.

명화로 만나는 생태

❾ 멸종위기 야생생물

글 김성화·권수진 / 그림 조승연

국립생태원
NIE PRESS

들어가는 글

명화로 만나는 멸종 이야기

2019년 5월, 파리의 한 회의장에 수많은 사람들이 모였어. 카메라 플래시가
터지고, 과학자와 기자들이 웅성웅성.
세계 곳곳의 기자들도 인터넷으로 회의장과 연결되어 있어.
강단 위에는 6명의 과학자가 피곤한 모습으로 앉아 있어. 오늘 발표할
내용을 두고 밤새 토론을 벌인 뒤야.
그 보고서는 유엔이 모든 대륙에 흩어져 있는 세계 최고의 과학자
400명에게 의뢰하여 작성된 거야.
지금까지 이런 일은 한번도 없었어. 지구의 모든 생명에 관한 전 세계의
지식을 한데 모은 보고서가 곧 발표될 참이야.
보고서의 내용은 충격적이야.
1970년부터 2018년까지 48년 동안, 야생 동물의 수가 69퍼센트
줄어들었다는 거야!
라틴아메리카와 카리브 연안 지역은 94퍼센트 줄어들었어. 아프리카는
66퍼센트 줄어들었어. 아시아는 55퍼센트 줄어들었어.

그리고 모든 민물에서 살아가는 야생생물종 83퍼센트가 사라졌다는 거야!
지구에 무슨 일이 일어난 걸까?
아무도 모르게 핵폭탄이라도 터진 걸까? 소행성이 충돌하기라도 했던 거야?
그럴 리가!
예전에 야생 동물이었던 포유동물 중 한 종이 지구에 있는 모든 야생 동물을 벼랑 끝으로 내몰았기 때문이야. 그건 바로, 털이 없고, 다리가 2개이고, 뇌가 크고, 말을 할 수 있는 영장류 중의 한 종인 호모 사피엔스야. 생태학자들은 이제 전 지구를 뒤덮은 호모 사피엔스를 '잡초 종'이라 불러.
지구에 있는 모든 동물과 식물을 몰아내고, 마침내 호모 사피엔스도 멸종할지 몰라. 마지막 나무 한 그루까지 숲을 베어 내 버린 이스터섬의 원주민들이 멸종한 것처럼 말이야.
이 책에는 우리 곁에 얼마 남지 않은 마지막 야생 동물의 이야기가 실려 있어. 우리 곁에서 영영 떠나 버렸거나 그 수가 너무 적어서 곧 사라지게 될 동물과 식물의 이야기야.

차례

들어가는 글   / 4

원숭이야, 괜찮아? 〈그랑자트섬의 일요일 오후〉, 조르주 쇠라   / 8

호랑이는 세상에서 가장 아름다운 동물이야
〈호랑이와 물소의 싸움〉, 앙리 루소   / 18

수사자 세실의 죽음 〈잠자는 집시〉, 앙리 루소   / 28

표범이 다 어디로 갔을까? 〈두 마리의 표범〉, 윌리엄 허긴스   / 36

나는 삵이야. 고양이가 아니라고! 〈텍사스 삵, 오실롯〉, 존 우드하우스 오듀본   / 44

옛날에는 우리나라에도 여우가 많이 살았어
〈왜가리를 방문한 여우〉, 프란스 스나이더스   / 52

곰의 쓸개즙을 뽑지 말아 주세요! 〈곰〉, 바실리 칸딘스키   / 60

산양을 본 적 있어? 〈샤무아가 있는 고산 풍경〉, 아르놀트 뵈클린   / 70

수달은 강물 생태계의 핵심종이야 〈물고기를 잡은 수달〉, 헨리 레오니다스 롤프   / 78

양비둘기를 알아? 〈성 엘리자베스, 성 요한, 비둘기와 함께 있는 성가족〉, 페테르 파울 루벤스   / 86

검독수리는 독수리가 아니야! 〈유피테르에게 간청하는 큐피드〉, 페테르 파울 루벤스   / 94

차례

저어새가 돌아왔어! 〈시편의 필사본 삽화〉 / 102

검은머리갈매기 구출 작전 〈갈매기〉, 모세 스투펜달 / 112

금개구리를 도와줘! 〈두 마리의 아기 고양이와 개구리〉, 존 헨리 돌프 / 122

소똥구리야, 돌아와! 〈맨드라미와 쇠똥벌레(초충도_부분)〉, 신사임당 / 130

민물고기는 구불구불 강이 필요해 〈어해도(부분)〉 / 138

바나나의 조상을 찾아라! 〈이아 오라나 마리아〉, 폴 고갱 / 146

나도풍란이 다시 살 수 있을까? 〈목란도축〉, 민영익 / 154

멸종의 생물학 〈플랫아이론 빌딩〉, 콜린 캠벨 쿠퍼 / 162

시간이 별로 없어! 〈강산무진도(부분)〉, 이인문 / 170

찾아보기 / 178
참고 도서 / 180

그랑자트섬의 일요일 오후
조르주 쇠라, 1884~1886년, 시카고 아트 인스티튜트

원숭이야, 괜찮아?

안녕? 이 책의 첫 번째 그림과 인사해.
여기는 프랑스의 센강 어디쯤에 자리 잡은 그랑자트섬이야. 파리에서
멀지 않아 나들이를 오기 좋은 곳으로 유명해.
오늘은 일요일이야. 신사와 숙녀들, 아이들이 풀밭에서 오후의
피크닉을 즐기고 있어. 강아지와 원숭이까지. 와글와글 북적북적!
그런데 이상해.
북적북적한데 너무 조용해!
한가운데 양산을 쓰고 걸어오는 여인을 봐.
도자기 인형 같지 않아?
강물도 사람도 그림자도 모두 얼어붙고, 시간이 정지한 것 같아.
정말 피크닉을 즐기고 있는 걸까?

둘씩 셋씩 함께 있는데도 모르는 사람처럼 서로 쳐다보지 않고
이야기도 나누지 않아. 엉덩이가 둥글게 부푼 치마를 입고 있는
여인과 그 옆에 있는 신사는 엄숙하기 짝이 없어.
그런데 이상한 건 그림이 웃기기도 하다는 거야.
멀쩡한 신사가 주황색 러닝을 입고 누워 있잖아.
담배를 뻐끔뻐끔!
25세의 젊은 화가 조르주 쇠라는 마치 연극 무대의 감독처럼 자신이
그림의 등장인물을 선정하고 무대를 꾸몄어. 그러니까 사실은
이 그림의 인물들이 이런 모습으로 한자리에 있지 않았다는 거야.

1884년, 쇠라는 매일매일 스케치북을 들고 그랑자트섬으로 출근해.

자기 그림에 딱 어울릴 만한 사람이 나타날 때까지 사람들을 관찰해.
앗, 모자를 쓴 신사가 나타나. 괜찮은데?
숙녀 옆에 세워야겠어.
드로잉을 해, 슥삭슥삭…….
오늘은 여기까지. 스케치북을 접어.
그러고는 내일 또 그랑자트섬으로 출근하는 거야.

멀리 있던 사람을 가까이 그리기도 하고, 떨어져 있던 사람을 가까이 모으기도 하고……. 서로 모르는 사람이 그림 속에서 느닷없이 가족이 되었지 뭐야.
하지만 그림이 특이하게 보이는 이유는 그게 다가 아니야.
쇠라는 1886년, 전시회에 이 그림을 출품했는데, 그림을 관람하는 신사와 숙녀들이 외알 안경을 벗어서 그림 가까이 대었다가 다시 꼈다가 하며 '허 참, 세상에!' 하고 중얼거렸을지 몰라.
왜냐고?

이건 수백만 개의 점으로 그려진 그림이야!

톡톡톡 톡톡톡 톡톡톡 톡톡톡 톡톡톡 톡톡톡…….
파리의 조그만 작업실에서 쇠라는 소매를 걷어붙이고 땀을 훔쳐 가며 이 거대한 캔버스를 느릿느릿 고집스럽게 점으로 채워 갔어. 점을 찍는 일을 매일매일 하루 종일 반복한다고 생각해 봐. 그건 아주 아주 기력이 쇠하는 중노동이야.
쇠라는 이렇게 모든 그림을 힘들게 그리다가 32세, 너무 젊은 나이에 병으로 세상을 떠나.

다시 그림을 볼까?
그림 앞에 서 있는 쇠라를 상상해.
오늘은 강아지와 원숭이를 그릴 차례야.
그런데 쇠라는 무슨 생각일까?
그림 속 모든 것이 얼어붙은 듯 정지해 있는데 강아지와 원숭이만은 예외야. 폴짝폴짝 뛰며 금방이라도 앞으로 달려갈 것 같지 않아?
아니, 그보다도 원숭이가 왜 공원에 있는 거지?

원숭이는 부인의 반려동물이야!

함께 산책하러 나왔나 봐. 아이들이 신기해서 원숭이를 보러 올 법도 한데 아무도 눈길을 주지 않네. 부인도 원숭이를 썩 좋아하는 것 같지는 않아.
지금은 원숭이를 반려동물로 기르지 못하도록 대부분 법으로 금지되어 있지만 이때는 그렇지 않았어. 100년 전만 해도 반려동물로 원숭이를 기르는 일이 그렇게 드물지는 않았어. 지금도 반려동물로 실험동물로, 또 동물원으로 팔려 나갈 원숭이를 잡기 위해 밀림에서 불법으로 원숭이를 사냥해. 그런데 어미 원숭이는 사납기 때문에 대부분 어미 원숭이를 죽이고 아기 원숭이만 잡아와 팔아.

아기 원숭이가 줄에 묶여 있어.

아기 원숭이들은 다 자라면 미움을 받기 시작해. 힘이 세지고 병을 옮기기도 하고 소리를 지르고 똥을 던지기도 하고 물어뜯기도 해서 키우기가 너무 어렵기 때문이야. 버려진 원숭이들이 어떻게 되는지는 아무도 신경쓰지 않아.

동남아시아에서는 어린 원숭이를 잡아와 코코넛 따는 일꾼으로 부리기도 해. 어린 원숭이들이 쇠줄에 묶인 채 하루 종일 키 높은 코코야자 나무에 올라가 코코넛 따는 법을 배워. 자기 몸집보다 큰 코코넛을 따고, 저녁에는 좁고 더러운 우리에 갇혀 지내. 사람을 공격하지 못하도록 송곳니가 뽑히는 봉변을 당하기도 해.

혹시 실험실의 원숭이에 대해 들어 보았어?

2010년, 유럽 연합에서는 침팬지와 대형 유인원을 실험동물로 쓰지 못하는 법을 제정했어. 그 뒤로 대형 유인원보다 몸집이 작고 가벼운 원숭이들이 인기 높은 실험동물이 되었어. 원숭이 1마리에 몇 천만 원까지 팔려. 그중에서도 게잡이원숭이들은 세계에서 가장 많이 거래되는 원숭이야. 게잡이원숭이는 수영을 잘하고, 물고기나 게를 잘 잡아먹어. 사납지 않고, 몸집이 큰 고양이만 해.

안녕? 나는 게잡이원숭이야.
여기가 어디야?

원숭이야, 괜찮아?

사람들은 오직 원숭이가 사람과 가깝다는 이유로 원숭이를 마음대로
사용해. 약물이나 독극물을 주사하고, 여러 가지 사회성 실험과
우울증 실험을 하고, 일부러 스트레스를 주고, 뇌 실험을 해. 머리뼈에
구멍을 뚫고 전극을 이식하고, 이식한 전극이 움직이지 않도록
시멘트를 이용해 고정하기도 해.
실험이 끝나면 원숭이들은 대부분 안락사를 당해. 실험 중에
스트레스와 약물 중독으로 죽기도 하고, 때로는 우리 안에서
원숭이끼리 서로 싸워 죽기도 해. 야생에서라면 싸움이 일어나도
도망치면 되지만 좁은 우리에서는 그럴 수가 없어.
2021년, 세계자연보전연맹은 이대로 동물 실험이 성행한다면 30년
뒤에는 실험동물로 쓰는 긴꼬리원숭이들의 수가 절반으로 줄어들
거라고 보도했어. 하지만 아직도 아시아와 아프리카에서는 세계
곳곳의 실험실로 수출하기 위해 원숭이를 야생에서 사로잡거나
공장에서 사육하고 있어. 멸종위기종, 위기 등급으로 분류되어 있어도
실험동물로 유용하게 쓰이는 한 원숭이 밀렵이 사라지지 않아.

호랑이와 물소의 싸움
앙리 루소, 1908년, 클리블랜드 미술관

호랑이는 세상에서 가장 아름다운 동물이야

호랑이가 숲에서 뛰어나와 물소의 머리를 누르고 있어.

쿠르르르르 어흥!

숲속을 뒤흔드는 호랑이 소리가 들릴 것 같아.

하지만 그런 소리가 났을 리는 없어. 진정한 호랑이라면 멍청하게 소리를 질렀을 리가 없지. 아무 소리도 아무 기척도 없이, 번개같이 물소에게 달려들었을 테니까 말이야.

호랑이 이빨 아래 목을 물린 채 물소가 죽을힘을 다해 버티고 있어.

호랑이가 물소를 잡아먹을까?

누가 이길지는 아무도 몰라. 물소는 머리 양쪽에 단단한 뿔이 있고, 몸무게도 호랑이보다 3배는 더 나가는 크고 거대한 초식동물이야.

만약에 이게 다큐멘터리이고 30분 뒤에 다시 본다면 물소가

휘청휘청 제 갈 길을 가고, 호랑이도 멋쩍어서 입맛을 다시며
어슬렁어슬렁 가고 있을지도 모르는 일이야. 하하.
그런데 이상하지 않아? 그림을 보노라니 무시무시한 호랑이가
늑대같이 작고, 물소도 겨우 멧돼지만큼 작아 보여서 말이야.
아하! 알겠어!
호랑이와 물소가 작은 게 아니라 바나나 나무의 이파리가 너무 큰
거야. 이파리 하나가 호랑이의 등짝만 하고, 바나나 송이가 호랑이의
머리통만 해!
화가는 정말 이렇게 커다란 열대 식물을 보았을까?

이건 루소의 상상이야!

프랑스의 화가 앙리 루소는 이국적인 식물과 새, 동물이 있는 열대
밀림에 언제나 마음이 끌렸어. 죽을 때까지 자기 나라를 떠난 적이 한
번도 없었으면서 말이야.
하지만 루소는 열대림을 그리기 위해 자연사 박물관과 식물원,
동물원을 찾아가 오랫동안 관찰을 해. 열정과 시간, 돈이 있는
사람들이 열대를 탐험하고 훌륭한 사진들을 많이 찍어 온 덕분에
루소는 열대에서 까마득히 떨어진 파리 시내에 앉아 사진집을

꼼꼼하게 들여다보며 상상에 빠져.
하지만 우리는 루소가 열대의 숲을 직접 가 보지 못했다고 해도
아쉽지 않은걸. 왜냐하면 루소의 상상 덕분에 열대의 숲이 훨씬 더
신비롭고 특별한 곳이 되었으니까.

루소의 상상 속에서
열대 나무가 점점 높이 솟고,
나뭇잎이 거대한 물고기와 뱀처럼 커져.

그리고 물소를 물어뜯는 호랑이가 등장해!
루소는 호랑이를 동물원에서 보았을까? 사진으로 보았을까?
야생에서 호랑이를 직접 본 과학자들은 단번에 매료되고 말아.
화려한 황갈색 털, 크고 위엄 있는 호박색 눈, 곰처럼 큰 발, 기분따라
움직이는 멋진 꼬리, 이마의 임금 왕(王) 무늬! 위엄과 강한 기품이
넘치는 모습을 보면 무섭다는 생각보다 아름답다는 생각이 먼저
든다니까.
호랑이는 혼자서 사냥하는 동물이야. 점잖고 느리게 걷다가 필요한
순간에 움직여. 힘이 엄청나게 세서 몸무게가 800킬로그램이나
나가는 거대한 물소나 들소도 거꾸러뜨릴 수 있어.

사냥할 때 호랑이는
결코 서두르지 않아.

호랑이는 경솔하게 행동하지 않고 조용조용히 초집중해서 살금살금 물소와 거리를 좁혀 가. 바싹 앞에 이를 때까지.
호랑이의 가장 뛰어난 능력 중에 하나가 바로, 아무 소리도 내지 않고 사냥감에게 다가가는 거야. 호랑이의 크고 부드러운 발바닥이 땅바닥의 부스럭거리는 모든 소리를 흡수해. 게다가 얼룩얼룩 줄무늬 덕분에 수풀 속에 호랑이가 숨을 죽이고 있으면 좀처럼 눈에도 띄지 않아. 호랑이가 자신의 사냥 스타일에 대해 말을 한다면 이렇게 위엄 있게 말할걸.

'호랑이는 사냥감의 꽁무니를 출싹거리며 뒤쫓아 가지 않는다! 어흥!'

하하. 정말이야. 호랑이는 치타나 암사자들처럼 10~20미터 밖에서부터 사냥감을 추격하는 일이 거의 없어. 그래서 먹잇감이 진짜로 호랑이를 맞닥뜨리는 순간은 언제나 너무 갑작스러워. 호랑이는 순간적인 점프력을 이용해 먹잇감을 쓰러뜨리고 목덜미를 물어뜯어. 그러면 끝이야. 어떤 때는 사냥이 마치 마트에서 쇼핑하는 것처럼 쉬워 보이기도 할 정도야.
하지만 호랑이가 실제로 사냥에 성공하는 건 열 번이나 스무 번 중에 한 번쯤뿐이라는 거 알고 있어? 호랑이 1마리가 살아가려면 1년 동안 영양이나 사슴, 멧돼지 같은 커다란 동물을 60마리쯤 먹어야 해.
일주일에 최소한 한 번은 사냥에 성공해야 한다고. 호랑이는 가장
힘을 덜 들이고 가장 적게 다치고 가장 큰 먹잇감을 잡고 싶어 하지만
그게 호랑이 맘대로 되는 일은 아니야.
호랑이의 수명은 10~15년 정도야. 그런데 그마저 제 명대로 살지
못하고 밀렵으로 수없이 많은 호랑이가 목숨을 잃고 있어.
러시아의 아무르호랑이 올가는 1992년, 세계 최초로 위치 추적기를
단 호랑이인데, 태어난 지 한 달쯤 되었을 때 과학자들이 올가에게
이름을 지어 주고 추적기를 달았어. 올가는 러시아의 작은 마을
가까이에 살았는데 사람들과는 거리를 두었고, 단 한번도 사람에게
피해를 입히지 않았어. 과학자들이 추적기에서 들려오는 신호에 늘
신경을 쓰고 있었지만 올가도 끝내 밀렵을 피하지 못했어.

호랑이를 잡아 어디에 쓰려는 걸까?

헉! 호랑이 뼈로 약을 만든다는 거야. 인도에서는 야생에서 잡은
호랑이를 사람들이 농장에서 번식시켜 가축처럼 길러. 호랑이가
자라면 커다란 압력솥으로 들어가고 그렇게 '가축' 호랑이의 삶을
마감하는 거야.

조그만 우리 안에
호랑이가 살아.

호랑이 뼈는
'호랑이 고약'으로 가공되어
비싼 값에 팔려.

하지만 밀렵을 당하는 호랑이보다 먹을 게 없어서 죽는 호랑이들이
더 많다는 거 알아?
숲이 개발되고, 호랑이의 먹잇감인 멧돼지, 영양, 사슴, 물소가 사라져.
호랑이가 메뚜기나 개미를 먹으며 살 수는 없으니까 말이야.
호랑이를 보호할 수 있는 유일한 방법은 보호 구역을 더 넓히고
사냥꾼과 벌채업자, 호랑이 고약 장사꾼들을 얼씬도 못하게 하는
것뿐이야.
100년쯤 전에는 전 세계에 호랑이가 10만 마리쯤 있었어. 그것도
많은 수는 아닌데 이제는 겨우 3,500여 마리가 남아 간신히 목숨을
이어 가고 있어. 인간들의 마을과 도로에 둘러싸인 작은 지역에 갇혀
살아가는 몇몇 안 되는 호랑이들은 서로 형제자매끼리 짝짓기를 할
확률이 높아. 그러면 치명적인 유전병이 나타날지도 모르지만
호랑이는 모르지. 안다고 해도 다른 방법이 없는걸.

잠자는 집시
앙리 루소, 1897년, 뉴욕 현대 미술관
© Bridgeman Images - GNC media, Seoul, 2025

수사자 세실의 죽음

사막의 모래 위에 집시 여자가 잠들어 있어.
그리고 사자 1마리.
쿵쿵! 냄새를 맡는 걸까? 조심조심 핥아 주는 걸까?
사자가 곁에 다가와 머리카락과 어깨를 건드려도 집시 여인은 꼼짝도
않은 채 곤히 잠이 들었어. 어디로, 얼마나 오래 여행을 하던
중이었을까? 자면서도 지팡이를 꼭 쥐고 있는걸.
집시 여인은 혼자이고 가방도 없고 신발도 신지 않고 짐이라곤
지팡이 하나와 만돌린, 물병뿐이야. 그런데도 사막 한가운데서 꿈을
꾸듯 편안하게 잠이 들었어. 빨강, 파랑, 노랑 줄무늬 옷이 하얀
달빛에 예쁘게 빛나.
멀리 모래 산이 보여. 여인이 누운 사막과 모래 산 사이에는 얼음처럼

잔잔한 바다가 있어. 어쩌면 호수나 강일지도 모르지만 그게 뭐든 너무나 고요해. 집시 여인과 사자가 함께 있는 이 시간은 마치 우리가 아는 24시간 안에 들어 있지 않은 듯 신비롭기만 해.
누가 그렸을까? 어떤 화가의 머릿속에 이런 기묘한 상상이 들어 있었을까?
〈잠자는 집시〉는 앙리 루소가 화가가 되기로 결심한 지 몇 년 되지 않아 그린 그림이야. 루소는 미술 학교에 다닌 적이 없어. 오로지 독학으로 그림 공부를 하면서 아무도 그리지 않는 독특한 그림을 그려 나갔어.
루소는 〈잠자는 집시〉를 그린 후에 스스로도 자부심이 생겨서 고향 라발시의 시장에게 200~300프랑쯤이면 그림을 팔겠다고 제안했어. 하지만 시장은 그림이 유치하다며 정중하게 거절했어. 비평가도 루소가 일부러 이상한 그림을 그려서 사람들의 관심을 끌려 한다며 비난을 했어. 아무도 루소를 제대로 된 화가로 대접해 주지 않았지만 루소는 묵묵히 그림을 그려.
〈잠자는 집시〉는 지금 뉴욕 현대 미술관에 걸려 있고, 죽기 전에 꼭 봐야 할 그림 중 하나로 손꼽히는데 그건 루소가 죽고 먼 훗날의 이야기야. 온 마음과 열정과 영감을 다 쏟아 그렸지만 악평을 면치 못하는 자신의 커다란 그림 앞에서 루소의 마음이 어땠을까?
하지만 루소가 행복한 마음으로 그림을 그린 건 분명해 보여. 집시 여인은 지쳤지만 몹시 평화로워 보이고, 사자는 조금도 무섭지 않아.
여인이 잠이 깨서 눈을 번쩍 뜬다고 해도 사자는 아무 소리도 내지
않고 빙그레 웃을 것만 같아. 눈을 떴는데 눈앞에 사자가 웃고 있다면
어떤 기분일까?

사자는 멋진 동물이야. 만약에 요정이 나타나 이 세상에 있는 동물
중에 하나를 친구로 삼을 수 있다고 한다면 너는 어떤 동물을
고르겠어? 아마도 사자가 일등일걸. 누구나 사자를 보면 마음이 끌려.

어깨 근육을 씰룩씰룩하며 천천히 걸어가는 사자를 상상해 봐. 위엄과 권위가 넘쳐.

하지만 그 덕분에 사자는 사냥꾼들의 표적이 되고 말았어. 수많은
사냥꾼들이 사자를 사냥하러 아프리카로 몰려갔는데 사자를 잡아
약으로 쓰려는 것도, 가죽을 벗겨 비싸게 팔려는 것도 아니었어.
오로지 사람들에게 자랑하기 위해 사자를 총으로 쏴 죽였어.
수십만 마리 사자들이 사라지고 지금은 겨우 3만 마리도 남지 않게
되었어.

'세실'은 짐바브웨의 황게 국립 공원에 살던
멋진 수사자였어.
위엄 있는 검은 갈기를 봐.

세실은 6마리 암사자들과 24마리 새끼들을 거느린 우두머리 사자이자 산전수전 다 겪은 용맹한 리더였어. 사자 무리끼리는 큰 싸움이 벌어지기도 하고 서로 연합하기도 하는데, 세실은 다른 무리와 싸워 한때 국립 공원 변두리로 밀려났지만 세력을 차츰차츰 키웠어. 세실은 국립 공원을 찾아오는 사람들에게 호기심을 보이기도 하고, 사진을 찍어대도 무심하게 모른 척해서 인기가 많았어. 2015년에 세실은 13세가 되었어. 하지만 그해에 사자 사냥을 즐기러 온 미국인 월터 파머에게 죽임을 당하고 말아.

세실은 보호 구역 안에 살고 있었는데 어떻게 죽임을 당한 걸까?

보호 구역 안에서 사자를 사냥하는 건 불법이야. 하지만 사냥꾼들에게 그런 건 문제되지 않아. 죽은 고기를 미끼로 던져 사자들을 국립 공원 경계 밖으로 유인만 하면 돼. 월터 파머는 그렇게 세실을 국립 공원 밖으로 끌어내 세실을 죽이고 머리를 잘라 갔어. 박제로 만들어 응접실에 걸어 두고 자신이 얼마나 용맹한지 자랑하려고 말이야. 이렇게 교묘하게 악랄한 수법으로 억울하게 사냥을 당하는 사자들이 해마다 수십 마리에 이르러.

사자가 잠자는 거야?
아니, 죽었어!

미국이나 유럽에서 온 부유한 사냥꾼들은 사자 1마리를 사냥하는 데
3,000~6,000만 원을 지불해. 하지만 세실을 죽인 월터 파머도 다른
수많은 사냥꾼들도 국립 공원 밖에서 사냥했기 때문에 불법이
아니라는 이유로 어떤 처벌도 받지 않았어.
사자 사냥은 대부분 수사자들에게 집중되어 있어. 오로지 암사자보다
멋진 갈기가 있는 수사자가 더 멋있어 보인다는 이유로 말이야.
그런데 우두머리 사자가 갑자기 죽는다는 건 우두머리 사자 1마리가
사라지는 것으로 끝나는 게 아니야. 우두머리가 갑자기 죽으면
새로운 수컷이 무리의 우두머리가 돼. 새로 영토를 인수한 수사자는
자기의 자손을 퍼뜨리기 위해 우두머리의 새끼들을 모두 죽여 버려.
그게 야생에서 살아가는 사자 세계의 법칙이고 본능이야. 암사자들은
새끼를 보호하려다 죽기도 하고 새끼들을 데리고 도망치기도 하지만,
다른 사자 무리의 영역을 침범해 새끼를 잃고 마는 경우가 많아.
세실의 죽음 이후로 2017년, 유엔 총회에서 '야생 동식물의 불법
밀거래 차단 결의안'이 채택되었지만 아직도 사자들의 억울한 죽음은
끝나지 않고 있어.

두 마리의 표범
윌리엄 허긴스, 19세기

표범이 다 어디로 갔을까?

동굴 앞에 표범이 2마리 있어.
1마리는 태평하게 누워 있고, 1마리는 네발로 서서 우리 쪽을 보고 있어.
크르르르르!
산속에서 표범과 마주친다면 숨이 멎을 거야.
이 그림은 1800년대에 영국의 화가 윌리엄 허긴스가 그렸어.
윌리엄 허긴스는 동물을 잘 그리는 화가로 유명했어. 동물을 더 자세히 관찰하고 잘 그리기 위해 동물원에 찾아가고 이동 동물원을 따라 마을을 돌아다니며 동물 서커스단을 따라다녔어. 동물을 얼마나 좋아했는지 화가의 집에는 반려동물이 그득했다는 거야. 화가의 집에 무슨 무슨 동물들이 살았을지 궁금해. 설마 표범은 없었겠지?

표범은 멋진 동물이야!

침착하고 조용해. 신중하고 영리해. 나무타기의 명수이고, 완벽한 사냥꾼이야.

표범은 사자, 호랑이, 치타, 재규어 같은 고양잇과 맹수들보다 몸집이 작지만 적응력이 뛰어나 다양한 환경에서 살아남았어.

몸집이 작아서 더 잘 살아남았는지 몰라. 사자와 호랑이가 사라지고 없는 곳에도 표범은 놀라운 생존력으로 살아남았어. 100만 년 전 아프리카 숲을 떠나 아라비아와 인도, 히말라야와 시베리아까지, 지구의 절반에 퍼져 살아.

표범은 위장술의 대가야.

표범은 사냥할 땐 재빠르지만, 위험을 느낄 때와 사냥감을 노릴 때는 끈질기게 숨어 있어. 어떤 동물도 표범만큼 은밀하게 숨어 있을 순 없을걸. 웬만해선 눈에 띄지 않는 동물로도 유명해. 대부분 혼자 살고, 바위 굴에 새끼를 2~3마리 낳아. 새끼들이 꼼짝 않고 숨어 있기와 사냥 기술을 익히면 1~2년 뒤에 어미를 떠나 홀로 살아가. 표범이 지구 곳곳에 얼마나 숨어 살고 있는지는 아직도 다 밝혀지지 않았어.

100년 전까지만 해도 우리나라 곳곳에 표범이 살고 있었다는 거 알아?

바로 바로 러시아와 중국, 한반도에 사는 아무르표범이야.
우리나라에 많이 살고 있어서 학자들에게 '조선표범'이라 불릴 정도였어.
표범이 살아가려면 넓은 영역이 필요한데 우리나라는 백두산부터 지리산까지 백두대간을 따라 울창한 산이 끊이지 않고 이어져 있어 표범이 살기에 좋은 곳이었다는 거야.
산속에 먹이가 부족한 겨울철에는 표범이 한양 도성으로 내려와 심심치 않게 사람들의 눈에 띄었다는 기록도 있어. 《승정원일기》에 창덕궁에서 호랑이를 잡았다는 기록이 있어.

'창덕궁 후원에 호랑이가 나타나 포수 40명을 투입했다.'

하지만 학자들은 그게 호랑이가 아니라 표범이었을 것이라고 추측해.
그때에는 사람들이 호랑이와 표범을 구분하지 않고 범이라고 불렀거든.

표범은 몸에 점박이 무늬가 있어.

호랑이는 줄무늬가 있어.

호랑이든 표범이든 마주치면 혼비백산할 텐데 구분하기가 쉬웠겠어?
무엇보다 호랑이는 도시에서 살아가기 힘들고 적응력이 뛰어난
표범만이 사람들 곁에서 살 수 있기 때문이야.
지금도 인도의 뭄바이, 케냐의 나이로비, 남아프리카의 요하네스버그
같은 대도시에는 표범들이 사람들과 함께 살고 있어. 먹이가
충분하고 낮 동안 은신할 울창한 숲이 있기만 하다면 얼마든지
가능하다는 거야.
조선 시대에 버려진 궁궐터에 출몰하곤 했던 표범도 그런 거 아닐까?
조선 시대에 떠돌이 개와 길에 풀어놓고 키운 돼지, 궁궐에서 키우던
사슴을 노리고 표범이 도시에 나타난 것일지 몰라. 궁궐과 도심
주변이 울창한 숲으로 이어져 있어 표범이 은신처와 이동 통로로
이용하기에 좋은 환경이었다는 거야.
밤에 도성 주변의 성곽을 따라 은밀하게 성안으로 숨어들어 구불구불
어두운 골목길을 돌아다니는 표범을 상상해 봐.
그렇다면 궁금해.

표범이 다 어디로 사라진 걸까?

총에 맞고 올가미와 덫에 걸려 표범들이 마구잡이로 사라졌다면 믿을

수 있겠어? 일제 강점기에 일본군이 사람을 해치는 맹수를 없앤다며 대대적으로 표범을 사냥했어. 그렇게 죽어 간 표범의 수가 어마어마해.

1912~1942년 사이에 표범 1,092마리가 사냥으로 죽임을 당했어.

일본 사냥꾼들이 떠난 뒤에는 표범의 가죽을 얻기 위해 서양에서도 사냥꾼들이 왔어. 표범의 가죽은 부드러운 데다 아름다운 무늬 때문에 인기가 많았어. 표범의 고기와 뼈는 한약재로 쓰이고 가죽은 비싼 가격으로 거래되었어. 1925년에 표범 가죽 1장의 값이 쌀 10가마니와 같았다는 거야. 그 뒤로도 오랫동안 가죽 때문에 밀렵을 당하고, 전쟁으로 숲이 파괴되어 우리 땅에는 더 이상 표범이 살지 않게 되었어.

1970년, 경상남도 함안에서 표범 1마리가 총에 맞아 쓰러졌어. 야생에서 발견된 마지막 표범이야.

1963년, 경상남도 합천 오도산에서 덫에 걸려 동물원으로 온 어린 표범은 관람객을 맞이하다가 1973년에 숨을 거두었어.

표범의 이름은 '한표'야.

텍사스 삵, 오실롯
존 우드하우스 오듀본, 1840년, 길크리스 박물관

나는 삵이야.
고양이가 아니라고!

기다란 나무가 쓰러져 강물 위에 다리처럼 놓였어!
그 위에 표범 무늬 동물 1마리가 잔뜩 고개를 숙이고 아래를 내려다봐.
고양이를 닮았어!
무얼 보는 걸까?
강물 아래 물고기를 노리고 있는 중일지 몰라. 1840년에 미국의 화가 존 우드하우스 오듀본이 그린 〈텍사스 삵, 오실롯〉이라는 그림이야. 오듀본은 야생 동물과 초상화를 주로 그린 화가인데 화가의 아버지도 매우 유명해. 저명한 조류학자이자 화가인 존 제임스 오듀본의 아들이거든. 어릴 때부터 오듀본은 조류학자인 아버지를 따라 자연을 탐험하며 그림을 그렸어.

오듀본은 열렬한 여행가이자 표본 수집가였어. 오랫동안 탐험을
다니며 야생의 동물을 관찰한 화가의 눈길이 그림 속에 고스란히
느껴져. 이 그림도 화가가 즐겨 보던 숲속의 한 장면일지 몰라.
그림 속 풍경은 인간의 손길이 미치지 않은 오래된 숲이야. 짙푸른
나무들이 우거진 숲 한가운데로 강물이 흐르고, 오랜 세월 버티다
쓰러진 나무 기둥이 다리처럼 강물을 가로질러. 화가가 어디에선가
숨어 녀석을 지켜보고 있을지도.
화가는 이 동물을 삵이라 생각하고 그렸지만 사실은 오실롯이라는
고양잇과 동물이야. 오실롯은 아메리카 대륙에 살고 삵보다 몸집이
커. 털의 무늬가 아름다워 작은 재규어라 불려.

우리나라에는 오실롯과 비슷한 삵이 살고 있어.

삵은 우리가 흔히 보는 고양이보다 몸집이 커. 몸에 갈색 반점이 있고
두 눈 사이에 이마부터 코까지 하얀 줄이 두 줄 있어. 귀 뒤쪽에도
반달 모양의 하얀 털이 나 있어. 고양이의 꼬리는 길고 가느다란데
삵의 꼬리는 굵고 뭉툭해. 고양이보다 훨씬 힘이 세고 턱 근육이
발달해 물어뜯는 힘이 대단해.

삵

고양이

우리가 닮았다고?
그럴 리가.

삵은 우리나라에 살았던 고양잇과 맹수 중에 유일하게 살아남은 야생 동물이야.

그거 알아? 고양이는 1200년 전쯤 비단 상인을 따라 서양에서 중국으로, 중국에서 우리나라로 들어온 외래종이야.

하지만 삵은 옛날 옛날 원시 시대부터 우리나라에 살았던 토착종이야.

우리나라에서는 삵을 살쾡이라 부르기도 해. 산고양이가 변해서 살쾡이가 된 것 같아.

그러니까 우리나라에 고양이가 들어오기 훨씬 훨씬 전부터 삵이 쥐를 잡아 주는 동물이었던 거야. 먼 옛날에 우리 조상들은 삵이 집안에 들어와도 내버려두었어. 삵이 곡식 보관 창고를 들락날락하며 쥐를 잡아먹도록 말이야.

야생에서 삵은 산과 계곡, 덤불이 자라는 개울가에 살아.

야행성이어서 주로 밤에 활동하지만 낮에 나타나기도 해. 나무를 잘

타고 먹잇감을 발견하면 물에도 뛰어들어. 쥐, 두더지, 꿩, 멧토끼, 청설모, 다람쥐, 개구리를 잡아먹고 얕은 개울에서는 물고기도 사냥해. 커다란 잉어와 송어, 붕어를 잽싸게 덮쳐. 물가에서 펄쩍 뛰어올라 청둥오리, 두루미를 사냥하기도 해.

삵은 1960년대까지만 해도 우리나라에서 흔히 볼 수 있었던 야생동물이었어.

그런데 1970년대에 전국에 '쥐잡기 운동'이 시작되었어.

전국 방방곡곡에 일제히 쥐약을 놓고, 쥐덫을 놓았어. 쥐들이 눈에 띄게 사라졌지만, 쥐약을 먹은 쥐를 먹고 삵도 죽어 갔어.

삵은 굶주려 죽고, 살충제에 중독되어 죽었어. 숲과 산이 개발되어 삵이 살아갈 야생의 터전도 사라져 갔어.

이제는 삵의 수가 급격히 줄어들어 멸종위기 야생생물 Ⅱ급으로 지정되어 보호받고 있어.

야생에서 호랑이와 표범, 늑대 같은 맹수들이 멸종되어서 이제는 삵이 생태계의 먹이 사슬에서 가장 위에 있는 동물이 되었어.

맹수들은 사라져야 한다고?

나는 삵이야, 고양이가 아니라고!

아니! 지구에 없어도 되는 동물이란 없어.

그중에서도 먹이 사슬의 꼭대기에 있는 포식자의 역할은 매우 중요해. 최고 포식자 동물이 생태계에서 먹이 동물의 수를 적절히 조절해 주기 때문이야. 한 종류가 지나치게 번식하지 않도록 막아 줘. 다양한 생물이 섞여 살아가는 건강한 생태계가 유지돼.

하지만 우리나라에는 이제 이 작은 맹수조차 살아갈 터전이 없어. 국립생태원 멸종위기종복원센터 연구원들이 이름을 달아 주고 위치 추적을 하며 돌보고 있지만, 안타까운 소식이 끊이지 않고 있어. '영준이'는 위치 추적기를 달아 준 뒤 한 달 만에 찻길 사고를 당한 채 길 위에서 발견되었고, '주선이'는 3개월 만에 신호음이 끊겨 버렸어. 영준이와 주선이가 살던 곳에는 경인 아라뱃길이 개통되었고, 야생 동물들이 오가던 길이 끊어져 버렸어.

2022년, 국립생태원 '로드킬 다발 구간 정밀 조사'에 따르면 로드킬 사고를 당한 법정 보호종 388마리 가운데, 230마리가 삵이라는 거야!

왜가리를 방문한 여우
프란스 스나이더스, 1630~1640년경,
스톡홀름 국립 박물관

옛날에는 우리나라에도 여우가 많이 살았어

하하!
배고픈 여우와 유리 항아리와 목이 기다란 새야.
무슨 이야기가 생각나?
이솝 우화의 〈여우와 두루미〉 이야기잖아!
숲속의 여우와 물가의 두루미가 만나 친구가 되었어. 하루는 여우가
두루미를 저녁 식사에 초대해. 넓고 편평한 접시에 맛있는 수프를
담아 대접해. 두루미는 기다란 주둥이로 접시만 콕콕 찍다 수프를
먹지도 못해. 화가 난 두루미가 다음날 여우를 저녁 식사에
초대하고는 호리병 속에 물고기를 넣어 주며 맛있게 먹으라고 해.
당연히 여우는 하나도 먹지 못했다는 이야기야.
이 그림은 벨기에의 화가 프란스 스나이더스가 그렸어.

옛날에는 우리나라에도 여우가 많이 살았어

스나이더는 이솝 우화에 그림을 많이 그렸어. 정물과 동물 그림을 잘
그려서 루벤스의 공방에서 동물 그림을 맡아 그리기도 했어.
이 그림의 제목은 〈왜가리를 방문한 여우〉인데, 왜 두루미가 아니고
왜가리일까? 잘 모르는 두루미 대신 화가는 자기가 사는 곳에서 자주
볼 수 있었던 왜가리를 관찰해 그린 거야. 왜가리가 기다란 주둥이를
항아리 속에 넣고 개구리와 뱀장어를 후루룩 먹고 있어. 그 옆에 또
다른 왜가리 1마리가 목을 돌려 지켜보고 있고.
여우의 홀쭉한 배를 좀 봐. 이 그림은 1600년대에 그려졌는데, 화가가
이 그림을 그릴 때 여우는 주변에서 흔히 볼 수 있었던 동물이었어.
옛이야기들 속에 여우가 그렇게 자주 나오는 것만 보아도 사람들
가까이에 살고 있었다는 걸 짐작할 수 있어. 그림 속 여우는
붉은여우야.

**우리가 흔히 여우라고 부르는 동물이
대부분 붉은여우야.**

여우 종 중 지구에 가장 널리 퍼져 살고, 그 수도 가장 많아.
기다란 다리와 탐스런 꼬리, 쫑긋한 귀, 기다란 주둥이를 가졌어.

여우는 개와 늑대, 코요테, 자칼과 같은 개과 동물이야. 개과 동물은 대부분 먹이를 추적하기 좋게 다리가 강하고 튼튼한데 여우의 다리는 가늘고 길어. 높이 펄쩍 뛰어올라 작은 동물을 사냥하기 때문이야. 먹이를 붙잡고 먹기 좋게 다리가 가늘어지고 길어졌어.

먹이로는 쥐와 두더지, 토끼, 도마뱀, 꿩을 잡아먹어. 옛날에는 마을로 내려와 닭과 오리를 잡아먹기도 했어. 잡식 동물이어서 과일과 곤충, 곡물을 먹기도 해.

여우는 무리 지어 살지 않고, 새끼를 보살필 때 빼고는 대부분 혼자 살아. 여우는 워낙 잘 숨어 지내서 야생에서 발견하기 어려워. 1년에 한 번 1~4월에 짝짓기를 하는데 새끼를 낳을 때가 되면, 암컷은 나무 밑둥이나 뿌리 밑, 바위의 갈라진 틈, 비탈 같은 곳에 작은 굴을 만들어. 입구는 좁고 안쪽은 넓은 아늑한 집에 새끼를 2~8마리쯤 낳아. 새끼가 태어나면 암컷이 굴을 지키고 수컷이 암컷에게 먹이를 가져다줘.

갓 태어난 새끼 여우는 사람 손바닥만 하고 몸무게가 113그램 정도야. 온몸이 털로 뒤덮여 조그만 털뭉치처럼 생겼어. 20일쯤 지나야 눈을 뜨고 귀가 들려. 4주쯤 지나면 낮에 머뭇머뭇 굴을 빠져나왔다가 잠을 자러 다시 돌아가.

새끼들은 서로를 덮치고 올라타고 뒹굴며 놀아. 그러다가 점점 더 과격하게 놀아. 꼬리를 잡아당기고 귀를 물고!

새끼 여우들이 장난을 치며 놀아!

어린 여우들이 놀면서 사냥하는 법을 배우는 거야. 그때까지는 부모가 새끼에게 먹이를 가져다줘. 겨울이 오기 전에 새끼들이 스스로 살아가는 법을 익히고 집을 떠나면 부모도 서로 헤어져. 그렇게 여우 가족이 뿔뿔이 흩어져. 그리고 이듬해 1월에 여우들은 다시 새로운 짝을 찾아.

옛날에는 우리나라에도 산과 들에 붉은여우가 많이 살았어.

그런데 1970년대부터 여우들이 급속도로 줄어들어 보이지 않게 되었어.
무슨 일이 일어난 걸까?
1970년대에 전국에 '쥐잡기 운동'이 일어났어. 온 국민이 곳곳에 쥐덫을 놓고, 쥐약을 놓았어. 쥐들이 사라지자 여우들이 사라졌어. 여우들의 주요 먹이인 쥐가 사라져 굶주려 죽거나, 쥐약을 먹은 쥐를 먹고 여우들이 죽은 거야.
또 부드러운 여우의 털을 얻기 위해 사람들이 마구잡이로 여우를 사냥했어.

1987년, 지리산에서 우리나라의 마지막 야생 여우가 밀렵을 당한
뒤로, 더 이상 야생 여우가 발견되지 않고 있어.
누군가 야생 여우를 보았다는 소식이 가끔 뉴스에 등장하지만, 그건
야생에서 살아남은 우리나라의 토종 여우가 아니라 모피를 얻기 위해
불법으로 사육하는 농장에서 탈출한 여우이거나 외국에서 들여온
여우로, 체험 동물원에서 탈출한 녀석들로 밝혀졌어.
몸무게가 겨우 6~9킬로그램 정도로 작고, 개와 몸집도 비슷한
영리하고 귀여운 야생 여우들이 우리 곁에서 영영 사라져 버렸다니!
하지만 야생 여우들을 다시 보게 될지 몰라. 2010년 환경부와
국립공원공단에서 우리나라 토종 여우를 되살리기 위해 여우 복원
사업을 시작했어. 중국에서 우리나라의 토종 여우와 유전자가 같은
여우를 들여와 증식시키고, 그중 몇 마리를 소백산에 방사했어.
2023년까지 181마리를 방사했는데, 야생에서 17마리가 태어났어.
야생 여우들이 소백산을 벗어나 점점 더 넓은 곳으로 이동하고
있다는 소식이야!
언젠가 산길을 걷다 문득 우리 앞을 지나가는 여우를 다시 볼 수 있게
되는 날이 올까?

곰
바실리 칸딘스키, 1907년, 개인 소장

곰의 쓸개즙을 뽑지 말아 주세요!

우우우우!
곰이 마을에 나타났어!
검은 곰 1마리가 이빨을 드러내며 앞발을 들고 서 있어. 농부가 삼지창
모양의 쟁기를 들고 달려들려 해.
농부 앞에는 소녀가 있는데 곰이 왔는지 신경도 안 쓰고 꽃을 들고
앉아 있어. 꽃잎을 뜯으며 점을 치는 걸까? 이랴, 이랴! 저 뒤에는 또
다른 농부가 하얀 말을 밀며 밭을 갈고 있어.
무슨 일일까? 커다란 곰이 나타났는데 마을은 평화롭고 제각각 하던
일을 할 뿐이야. 쟁기를 든 농부만 다급하게 보이지만 어쩐지 곰도
무섭지가 않네. 꼭 못된 일을 저지르는 말썽꾸러기 남자아이처럼 웃겨.
바실리 칸딘스키의 〈곰〉이라는 그림이야.

칸딘스키는 러시아의 모스크바에서 태어났어. 음악과 그림을
좋아했지만 대학에서 법과 경제학을 전공하고 교수님이 되었어.
칸딘스키의 사진을 보면 가르마를 타서 깔끔하게 빗어 넘긴 머리에
금테 안경을 쓰고, 평생 책만 파고들 것같이 보여. 하지만 칸딘스키는
전시회에서 클로드 모네의 그림을 보고 너무나 큰 감동을 받아
화가가 되기로 결심해. 그러고는 사직서를 내고 미술 학교에
입학하는데 그때가 서른 살이야.

처음에 칸딘스키는 〈곰〉처럼 동화 속 그림 같기도 한 풍경화를
그렸어. 그런데 점점 사람, 동물, 나무, 집, 들판처럼 눈에 보이는
무언가를 그리는 일이 답답하게 느껴져. 어느 날 칸딘스키는
작업실에 세워 둔 자신의 그림을 보고 깜짝 놀라.

'무엇을 그린 건지 알아볼 수 없군. 하지만 너무 멋진 그림이잖아!'

하하, 그림이 잘못 세워져 옆으로 누운 채 벽에 기대어져 있었던 거야.
칸딘스키는 놀라운 생각을 하게 돼.

그릴 대상이 없어도 그릴 수 있어!

이리저리 그은 선, 이런저런 도형, 알록달록 색깔만으로 그림이 될 수
있다는 거야. 칸딘스키는 눈에 보이는 것, 눈에 보이는 대로가 아니라
기분, 느낌, 감정을 그리기로 해. 이때부터 칸딘스키는 추상화를
그리게 돼.

추상화를 그리기는 생각보다 어렵지 않아. 눈앞에 항아리가 있다고

해 봐. 눈을 감아. 냄새를 맡고 손으로 만져 봐. 톡톡 두드려 봐. 들어 봐. 살짝 맛을 봐도 돼. 항아리의 모습은 버려. 이제 붓을 들어! 칸딘스키는 그렇게 음악도 그렸어. 바흐의 음악을 듣고 마음의 소리를 따라 그림을 그렸어.

〈곰〉은 칸딘스키가 추상화가의 길로 가기 전에 그린 그림이야. 그래도 눈에 보이는 것을 충실하게 그린 그림이 아니라는 걸 알 수 있어. 들판에 파란 곡식이 자라고, 하얀색을 머리에 얹은 분홍색 산이 보이고, 자주색 구름이 초록 하늘에 둥둥 떠 있어. 실제가 아니라 마음이 느끼는 색깔을 그린 거야.

하지만 그림 속에 사실에 가까운 게 있는데, 곰은 그냥 곰이야. 검은 불곰!

아마도 먹이를 찾으러 마을에 이따금 불곰이 나타나곤 했을 거야.

곰은 뭐든지 잘 먹어. 열매와 뿌리, 풀을 먹고, 곤충도 먹고, 쥐와 토끼, 물고기도 먹어. 벌집도 씹어 먹고, 사슴이나 늑대도 잡아먹어. 먹이가 모자라면 마을에 내려와 쓰레기를 뒤지고, 음식을 훔쳐 가기도 해. 불곰은 북아메리카와 유럽, 아시아에 살고 있지만 지금은 서식지가 많이 줄어들었어. 우리나라 백두산에도 불곰이 살고 있어.
불곰은 큰곰이라고도 불러. 곰인형 테디베어의 모델이지만 곰 중에 가장 크고 무서운 곰이야. 수컷은 400킬로그램, 암컷은 200킬로그램쯤 나가.
그러니 농부 아저씨! 쟁기만 믿고 곰에게 달려들면 안 된다고요. 곰의 눈을 똑바로 바라보며 천천히 뒷걸음질 쳐야 해요!

곰은 지능이 뛰어난 동물이야.

곰은 한번 보고도 기억을 잘해. 그래서 옛날부터 서커스단에서 곰에게 묘기를 가르쳤어. 곰은 간단하게 도구를 쓸 수 있고 사냥꾼을 피해 일부러 사람이 다니기 어려운 길로 다니면서 흔적을 감춰.
겨울잠을 자기 위해 살을 찌울 때는, 충분히 살이 쪘는지 알아보기 위해 나무 위에서 뛰어내려 보기도 해. 떨어졌을 때 아프지 않으면 겨울잠을 자러 가.
호랑이도 여우도 토끼도 겨울잠을 안 자는데 곰은 겨울이 되면 몇 달 동안 긴 잠을 자. 추워서 겨울잠을 자는 게 아니라 겨울에는 먹이가 부족해서 잠을 자는 거야. 그래서 먹이를 주는 동물원의 곰과 더운 지방에 사는 곰은 겨울잠을 안 자.

"충분히 뚱뚱해졌어.
슬슬 겨울잠을 자러 가 볼까?"

곰과 동물은 많지 않아. 개과 동물은 늑대, 여우, 자칼…… 35종이고,
고양잇과 동물은 사자, 호랑이, 표범, 치타, 스라소니…… 41종,
영장류는 500종에 이르는데 곰과 동물들은 전 세계에 겨우 8종뿐이야.
곰은 어쩐지 사람을 닮았어. 사람보다 크고 털이 북슬북슬하지만 두
발로 설 수 있고, 뒷다리로 걸을 수 있어. 우리나라 신화에도 곰이
사람이 된 이야기가 나오잖아. 곰은 오랫동안 여러 부족에서 존경받는
동물이었지만 점점 사라져 가고 있어.

겁 많은 안경곰은 안데스 산맥에만 남아 있어.

눈 주위에 흰 털이 둥글게 나 있어서 안경곰이야. 꼬마곰 패딩턴
이야기를 알아? 패딩턴이 바로 페루에서 온 안경곰이야. 태양곰은
가장 작고 순한 곰인데 아시아 열대 우림에 살고 있어. 가슴에
오렌지색 무늬가 있어 태양곰이 되었어. 느림보곰은 느려. 옛날에는
나무늘보의 친척인 줄 알았을 정도야. 곤충이 주식이고, 흰개미를
좋아해. 입을 동그랗게 말고 진공청소기처럼 개미를 빨아들여.
주둥이가 긴 곰, 짧은 곰, 큰 곰, 작은 곰, 느린 곰, 빠른 곰, 대나무만
먹는 곰…… 여러 곰이 있지만 곰들은 모두 곤경에 빠져 있어.
미국흑곰과 불곰을 제외하고 6종이 멸종할 위기에 놓였어.

반달가슴곰이
쇠창살 우리에 갇혀 있어.

아시아에서는 곰의 쓸개에서 만들어지는 담즙 때문에 반달가슴곰이 밀렵당해 사라져 가고 있어. 곰의 쓸개즙은 웅담이라 불리며 지금도 약재로 쓰이고 있어. 처음에는 야생 곰을 쏜 뒤 쓸개를 도려내 시장에 팔았는데, 밀렵으로 곰들이 사라져 가자 아예 곰을 사육하기로 해. 소도 기르고 악어도 기르는데 곰이라고 안 될 게 뭐 있겠냐면서 말이야.

덫을 놓아 곰을 잡고, 쇠창살 우리에 가둬. 2주에 한 번씩 마취제를 놓고, 주사기로 쓸개에서 곧바로 즙을 뽑아내.

이렇게 하면 곰이 살아 있는 수십 년 동안 계속 계속 쓸개즙을 빼낼 수 있다면서 여러 나라에서 사육 허가를 내주었어. 우리나라에도 수백 마리 사육 곰이 있어.

곰은 몸을 움직이기 힘든 비좁은 우리에서 살아 있는 쓸개즙 공장이 되어서 죽을 때까지 살아야 해. 새끼 때부터 갇힌 곰은 우리 밖으로 한번도 나와 본 적이 없어.

다행히도 우리나라에서는 2026년부터 웅담을 얻기 위해 곰을 사육하는 것을 금지하기로 했어. 그러려면 사육 곰들을 모두 내보내야 하는데 평생 동안 쇠창살에 갇혀, 던져 주는 음식만 먹고 살아온 사육 곰은 야생에서 살아갈 수 없고 보호 시설도 턱없이 부족해. 2025년까지 사육 곰 보호 시설을 설치하기로 했지만 사육 곰의 운명이 어떻게 될지 몰라.

샤무아가 있는 고산 풍경
아르놀트 뵈클린, 1849년경

산양을 본 적 있어?

삐죽빼죽!
날카로운 바위들이 하늘을 찌를 듯해. 마치 거인이 칼로 자른 것만 같아.
안개인지 구름인지, 신비로운 기운이 산을 두르고 있어.
여기는 알프스 산꼭대기야.
바위틈에 아직 눈이 다 녹지 않았어.
스산하지만 구름 속에 해가 얼굴을 디밀려 하고, 거뭇거뭇 편평한 바위 땅에 산양 3마리가 모여 있어.
왼쪽 바위 절벽에는 산양 1마리가 따로 먼 산을 바라봐.
무슨 생각을 하는 걸까?
이 그림은 스위스의 상징주의 화가 아르놀트 뵈클린이 그렸어.

화가 뵈클린은 모든 그림이 이야기를 들려주어야 한다고 했어.
한 편의 시가 그렇게 하듯이, 그림을 보는 관람자에게 생각을
불러일으켜 주어야 한다고 말이야. 음악처럼 감흥을 주어야 한다고.

화가의 그림 속에 무슨 이야기가 있는 것 같아?

아르놀트 뵈클린은 죽음에 대해 깊이 탐구하고 죽음을 주제로 한
그림을 많이 그렸어. 〈죽음이 함께 있는 자화상〉, 〈죽은 이들의 섬〉,
〈흑사병〉 같은 그림이 유명해.
뵈클린이 살았던 시기에는 유럽에 혁명과 전쟁, 전염병이 끊이지
않았어. 화가 주변에 죽음의 그늘이 드리워진 것 같았어. 뵈클린은 첫
번째 약혼자와 사별했어. 결혼하여 14명의 자녀를 두었지만 그중
8명을 전염병으로 잃고 말아.
죽음을 주제로 그림을 그리며 화가는 세상의 소음이 사라진 고요와
침묵의 세계에서 죽은 이들의 영혼이 안식을 얻기 바랐을지 몰라.
어쩐지 신비한 알프스 산꼭대기 바위 절벽의 산양들을 그린 것도
예사롭지 않게 보여. 〈샤무아가 있는 고산 풍경〉이 마치 죽은 이들의
영혼이 안식하는 곳만 같아.

산양은 높은 산의 바위 절벽에 살아.
산에 산다고 이름도 산양이야. 시베리아와 중국, 우리나라의 산악 지대에 살고 있어.
암수 모두 머리에 뿔이 있는데. 한자의 양(羊) 자는 뿔이 난 숫양의 모양을 본떠서 만든 글자야.

**산양은 200만 년 전부터 지구에 살았어.
모습이 거의 변하지 않아서
살아 있는 화석이라 불려.**

산양은 높은 산의 험한 바위 벼랑에 살며 이른 아침과 저녁에 숲으로 들어가 풀을 뜯어. 밤에는 안전한 바위틈으로 돌아가 잠을 자.
먹이가 적은 겨울철에는 나무껍질과 바늘잎나무 잎, 이끼, 낙엽을 먹어. 가을에 짝짓기를 해서 이듬해 봄에 새끼를 낳아.
산양이 바위 절벽을 펄쩍펄쩍 뛰어다니는 모습을 본다면 넋이 나갈걸. 얼마나 경쾌하고 멋진지! 산양은 몸집에 비해 발굽이 작고 탄성이 좋아 가파른 바위 절벽에도 잘 설 수 있어.
산양들은 어쩌다 그렇게 높은 산의 바위 절벽을 좋아하게 된 걸까?

산양은 풀을 뜯는 초식 동물인데 1년에 새끼를 1~2마리밖에 낳지
않아. 포식자들이 쫓아오지 못하는 바위 절벽에 은신처를 마련한
이유야. 번식률이 너무 낮아 새끼를 안전하게 기르려고 말이야.
하지만 이제 산양들도 멸종위기 동물이 되었어.
1980년대까지만 해도 우리나라 곳곳의 산악에 산양들이 살았는데,
지금은 강원도와 경상도의 일부 산악 지대와 비무장 지대에 조금
살고 있을 뿐이야.
다행히 산양 복원 사업으로 지금은 산양들이 2,000마리로 불어났어.
하지만 안심할 수 없어. 기후 이변으로 강원도에 폭설이 너무 잦아
산양들이 떼죽음을 당한다는 소식이야. 폭설로 한번에 277마리가
죽기도 했어. 비무장 지대에 살고 있는 산양들도 위험해. 비무장
지대에 갇힌 산양들이 좁은 지역에서 너무 오랫동안 근친 교배를
했을지 몰라.
아프리카돼지 열병을 막는다고 산악 지대의 도로 근처에
철조망 울타리를 친 것도 문제야. 겨울에 먹이를 구하러 내려왔다가
철조망에 가로막혀 길을 잃거나 틈에 끼어 죽어 가는 산양들이 늘고
있어.
산양들을 위해 길을 뚫어 주세요!

물고기를 잡은 수달
헨리 레오니다스 롤프, 1873년, 개인 소장

수달은 강물 생태계의 핵심종이야

헉!
통통한 수달이 거대한 물고기를 잡았어!
포효하듯 입을 벌리고 이빨을 드러낸 채 의기양양.
'어때? 내가 잡았다고!'
이렇게 말하는 것 같지 않아?
1873년에 헨리 레오니다스 롤프라는 영국 화가가 그린 〈물고기를 잡은 수달〉이야.
화가 헨리 레오니다스 롤프는 낚시를 좋아했던 게 틀림없어. 동물이 물고기를 잡는 장면이나 낚시 도구가 등장하는 정물화를 많이 그렸어. 이 그림도 수달이 물고기를 사냥하는 장면을 아주 가까이에서 본 것 같이 그렸어. 방금 물에서 올라온 듯 수달의 몸에 물기가 반지르르해.

입 주변의 수염까지도 섬세하게 그려 넣었어. 수달이 방금 잡아 온 물고기도 아직 팔딱거릴 것만 같아.

수달은 족제빗과에 속하는 포유동물이야.

수달은 기다란 강을 따라 오르락내리락, 육지와 물속을
들락날락하며 살아. 몸이 기다란 유선형이고 발가락 사이에
물갈퀴가 있어 헤엄을 아주 잘 쳐. 기다란 꼬리를 노처럼 이용해
물속에서 휙휙 방향을 틀 수 있어. 귀와 코에 특별한 근육이 있어
귓구멍과 콧구멍을 닫고 5분 동안 잠수를 할 수도 있다니까.
겨울철에 물이 꽁꽁 얼어도 물속에서 유유히 먹이를 사냥해. 꽁꽁 언
얼음판 속에는 어떻게 들어간 걸까?
수달은 물이 빠르게 흐르는 곳에서 아직 얼지 않은 구멍을 잘도
찾아내 물속으로 들어가. 얼음판과 수면 사이에 있는 공기로 숨을
쉬며 헤엄을 쳐.
수달은 낮에는 보금자리에서 쉬고, 밤에는 먹이를 사냥하는 야행성
동물이야. 밤이 되면 슬금슬금 은신처에서 나오는데, 정수리가
편평하고 목이 짧아. 코가 둥글고 귓바퀴가 매우 작아서 너무 귀여워!

안녕?
우리는 조심성도 많고
호기심도 많아!

귀여운 생김새와 달리 물고기나 개구리들에겐
무시무시한 천적이야.

수달은 완전한 육식 동물이야. 땅을 파서 쥐를 잡아먹기도 하고,
개구리, 게, 새우, 곤충, 뱀을 먹기도 하지만 제일 좋아하는 먹이는
물고기야.

기다란 수염으로 물속에서 물고기가 움직이는 진동을 섬세하게 느낄 수 있어.

하지만 조그만 물고기는 사양이야. 수달은 몸무게에 비해 아주 많이
먹거든. 베스나 블루길 같은 커다란 외래종 물고기를 잡아먹어서
작은 토종 물고기들에겐 고마운 사냥꾼이야.
수달이 있으면 강물의 생태계가 건강해져. 수달은 물속 생태계의
먹이 사슬에서 최상위 포식자야. 수달이 사라지면 먹이 사슬의
균형이 깨어져 강의 생태계가 무너져.
물속에서 수달은 육지에서 늑대와 같은 역할을 해. 육지에서 늑대가
사라지자 토끼가 급속하게 불어나 초원의 풀이 모조리 사라지고,
풀을 뜯는 사슴이 사라진 이야기는 유명해. 사람들은 늑대가
사라지면 사슴의 수가 불어날 줄 알았는데 오히려 줄어들었어.

수달은 강물 생태계의 핵심종이야

생태계가 엉망이 돼!

강에서 수달이 사라지면 물속 생태계에도 그런 일이 일어나. 그래서 세계자연보전연맹에서는 수달을 강물 생태계의 '지표종'이라 불러. 수달이 살면 강물 생태계가 건강하다는 이야기야.

그런 수달이 2012년에 멸종위기 야생생물 I급이 되었어.

강물이 오염돼 먹이가 사라졌기 때문이야. 도시의 생활 하수, 공장 폐수, 농약, 축산 농가, 관광 단지에서 흘러나온 더러운 물이 강으로 흘러들어.

수달은 물가의 바위틈이나 갈대숲, 큰 나무뿌리 구멍에 은신처를 마련해. 그런데 강둑이 콘크리트로 메워져 수달이 보금자리를 만들 곳이 사라져 가.

호랑이, 늑대, 맹금류 같은 수달의 천적이 대부분 사라졌기 때문에 지금 수달을 가장 위협하는 천적은 인간이야.

수달은 모피 때문에 사냥을 당했어.

수달의 털은 속 털과 겉 털로 되어 있는데, 속 털은 촘촘하고 빼곡해서 물속에서 공기층을 만들어 체온이 떨어지지 않게 지켜줘. 길고 굵은 겉 털은 방수 기능이 뛰어나. 수달의 털로 사람들이 오랫동안 목도리와 모자를 만들었어. 지금은 사냥이 금지되었지만 사람들이 물고기를 잡으려고 쳐 놓은 어망과 그물에 수달이 걸려들어. 강둑 서식지가 파괴돼 강과 강 사이를 이동하다 도로에서 교통사고를 당하기도 해.

산림이 사라져 여름철 홍수 때에는 급류에 휘말려 새끼들이 어미를 잃고 떠밀려 와. 강이 오염되어 보금자리를 잃은 수달이 가끔 도시에 출몰해 뉴스에 등장하기도 해.

하지만 얼마 전에는 한강에서 사라진 수달들이 44년 만에 나타났다는 반가운 소식이 들려왔어!

야생에서 수달을 발견하면 가까이 다가가면 안 돼. 멀찍이서 지켜보며 우리 곁에 오래오래 함께 살아 주기를 빌어 주지 않을래?

성 엘리자베스, 성 요한, 비둘기와 함께 있는 성가족
페테르 파울 루벤스, 1608~1609년경, 메트로폴리탄 미술관

양비둘기를 알아?

푸드득!
포동포동 아기가 비둘기를 안아 올려.
그 비둘기를 받으려고 또 다른 아기가 두 팔을 번쩍 들어 올려.
아기 예수 그리스도와 세례 요한이야.
아기들을 어머니가 지그시 내려다봐. 성모 마리아의 어깨 위로 세례
요한의 어머니 엘리자베스가 다정하게 팔을 두르고 있어. 그 옆에
있는 턱수염 아저씨는 누구냐고?
예수 그리스도가 가장 사랑하는 제자 사도 요한이야.
하하. 그러니까 이 그림은 시간이 뒤죽박죽이야. 사도 요한은 아직
태어나지도 않았을 때인데 화가가 그림 속에 그려 넣었어.
이 그림의 제목은 〈성 엘리자베스, 성 요한, 비둘기와 함께 있는

성가족)이야. 500여 년 전, 세상에서 가장 바쁜 화가 페테르 파울
루벤스가 그렸어.

루벤스는 신화화, 종교화, 역사화, 초상화를 그렸는데, 그림이 어찌나
생기가 넘치고 역동적인지 유럽의 궁정과 교회에서 그림 주문이
끊이지 않았어. 넘쳐 나는 주문을 감당하지 못해 루벤스는 '루벤스
공방'을 차렸어. 루벤스가 간단하게 밑그림을 그리면 제자들이
거대한 화폭에 옮겨 그려. 루벤스 공방에는 탁월한 정물화가와
동물화가, 식물화가들이 포진해 있었거든.

하지만 마지막 터치는
루벤스가!

단 한번의 붓질만으로도 루벤스는 그림에 생기를 돌게 하고 활력이
넘치게 했어. 그렇게 그린 그림이 1,300점이라는 거야. 루벤스는
화가들과 공평하게 그림값을 나누었고, 루벤스가 더 많이 그리면
그림의 값이 훨씬 높아져.

루벤스는 재능이 너무 많아서 그림을 그리는 재능이 가장 사소하게
보일 지경이야. 이탈리아, 프랑스, 스페인, 영국의 궁정 화가로 바빴을
뿐 아니라 6개 국어에 완벽하게 능통해 외교관으로 활동하기도 했어.

궁정 화가이자 외교관 루벤스는 지식과 교양이 풍부하고 아름다운 외모와 열정적인 기질을 지닌 기품 있는 신사였어. 원만하고 따뜻한 인품으로 모두에게 존경을 받았어.

하하. 루벤스는 '오래 사는 것보다 즐겁게 사는 것이 중요하다'고 말했는데 그림 속에도 화가의 즐거운 손길이 느껴져.

루벤스의 그림은 따뜻하고 행복해. 비둘기와 함께 있는 성가족의 그림에서도 따스한 온기가 느껴지지 않아?

중세 시대 종교화에서 비둘기는 '성령'을 뜻해. '하나님의 거룩한 영'이 아기 예수에게 내려온 것을 상징하는 그림이야.

그림 속 비둘기는 양비둘기야.

우리가 도시에서 흔히 보는 비둘기는 집비둘기야.

뭐가 다르냐고?

비슷하게 생겼지만 털 빛깔이 달라. 집비둘기는 흰색, 검은색, 갈색, 회갈색…… 깃털 색깔이 다양해.

양비둘기는 모두 회색 깃털에, 허리와 꼬리에 넓은 흰색 띠가 있어. 날개에는 선명하게 검은색 띠가 2줄 있어.

"안녕, 나는 양비둘기야!"

"우리는 집비둘기야!"

학교 가는 길에, 공원에, 광장에, 전선줄에, 쓰레기통 주변에
득시글거리는 비둘기는 대부분 집비둘기야. 사람이 다가와도
자동차가 빵빵거려도 비킬 생각도 하지 않는 느릿느릿한 비둘기 떼가
도시의 골칫거리가 되었어.

집비둘기는 우리나라의 토종 비둘기가 아니야.

집비둘기는 유럽의 바위비둘기를 개량한 품종이야. 1986년 아시안
게임과 1988년 서울 올림픽 때에 우리나라에 들여와 개막식에 각각
3,000마리를 날려 보냈는데, 우리 주변의 골칫거리 비둘기들이 그
후손이라는 거야. 먹성이 좋고 번식력이 뛰어나서 엄청나게 불어나
버렸어.

양비둘기는 우즈베키스탄, 티베트, 인도, 네팔, 시베리아, 중국, 몽골
그리고 우리나라에 살아. 오래전부터 우리나라에 살았던 토종 텃새야.
양비둘기는 바닷가 낭떠러지나 굴에 산다고 낭비둘기 또는
굴비둘기라 불렸는데, 세월이 오래 오래 흐르는 동안 '낭비둘기'가
변해서 '양비둘기'가 된 것 같아.

양비둘기는 50년 전만 해도 고궁과 강 하구의 절벽에 많이 살고
있었다는 기록이 전해지고 있지만, 지금은 우리나라 전체에
100마리도 채 남지 않았다는 거야. 집비둘기에 밀려 수가 점점
줄어들었어. 몸집이 작아 먹이 경쟁에 밀리고, 집비둘기와 양비둘기가
짝짓기를 해 점점 잡종 비둘기가 돼 가. 순수한 양비둘기의 유전자가
점점 사라지고 있어.

양비둘기만 모여 사는 곳에서도 비둘기들이 먹이를 얻기가 점점
힘들어져. 사람들이 더 이상 메밀 같은 곡물 농사를 짓지 않고 논밭을
파와 양파밭으로 바꾸어 버렸기 때문이야.

양비둘기는 2017년에야 멸종위기 야생생물로 지정되었어.
지금 국립생태원 멸종위기종복원센터에서 양비둘기를 번식시켜
자연으로 되돌려 보내려 연구하는 중이야.

유피테르에게 간청하는 큐피드
페테르 파울 루벤스, 1611~1615년경, 프린스턴 대학교 박물관

검독수리는
독수리가 아니야!

하하. 즐거운 화가 루벤스의 또 다른 작품이야.
사랑의 신 큐피드가 신들의 왕 유피테르에게 애걸하고 있어.
무얼?
인간 세계에서 가장 아름다운 공주, 프시케와 결혼하게 해 달라고
조르는 중이야. 큐피드와 프시케의 사랑이 이루어졌을까?
이 그림은 고대 로마 시인의 소설 〈황금 당나귀〉에 나오는 이야기
중의 한 장면을 그린 거야.
유피테르 신 앞에 날개를 활짝 펼친 새는 검독수리야. 신들의 제왕
유피테르가 부리는 새답게 위엄이 넘쳐.
이 그림은 가로가 2미터를 훌쩍 넘고 세로도 2미터에 달하는 커다란
그림이야. 유럽의 어느 궁정에서 주문한 게 아닐까?

대작을 완성하기 위해 무지무지 바쁜 화가 루벤스가 이번에도
루벤스 공방에서 전문 화가들과 함께 그렸을 거야. 어쩐지 신들을
그린 손과 검독수리를 그린 손이 다른 것 같지 않아? 새를 최고로 잘
그리는 전문 화가가 검독수리를 그린 게 분명해.
화가의 손끝에서 탄생한 검독수리를 좀 봐.
거대한 검은 날개를 활짝 펼치고 매서운 발톱이 달린 발가락을 쩍
벌리고, 육중한 두 다리로 위풍당당히 서 있어. 신들의 왕
유피테르가 자신을 상징하는 새로 검독수리를 고른 것도 예사롭지
않은 일이야.

검독수리는 하늘의 제왕이라 불려.

검독수리는 수릿과에 속하는 맹금류야.
북반구의 거의 모든 산맥에 살고, 몸길이가 80센티미터를 넘어.
날개를 펼치면 폭이 2미터나 돼. 그 커다란 날개를 펄럭이며
산꼭대기 절벽 끝에 서서 하늘로 날아오르는 검독수리를 상상해 봐.
검독수리는 최대 시속 240킬로미터로 비행할 수 있어!

검독수리는 온몸이 흑갈색이고 뒷목은 황금빛이 도는 갈색이야.
그래서 영어로는 골든 이글이라 불려. 검독수리라는 우리나라 이름은
조금 잘못됐어. 한자로 독수리의 '독' 자는 대머리라는 뜻이야. 머리에
털이 없어서 독수리라 불리는데 검독수리는 머리에 갈색 털이
수북하다는 말씀. 그러니까 검독수리는 독수리가 아니야!

머리털이 없다니!
검독수리가 들으면 화를 낼걸.

검독수리들이 분류학자에게 달려들어 따질지 몰라. 이름을 바꿔
주세요! 검독수리의 곤두선 머리털을 좀 봐. 얼굴도 카리스마가 넘쳐.
뾰족한 부리와 부리부리한 눈이 멋지지 않아?
흔히 독수리라 불리는 대머리수리들은 죽은 동물의 사체를 먹어.
죽은 동물이 있는 곳이라면 쏜살같이 날아 내려와 뼈에 붙은 살까지
깨끗이 먹어 치워. 놀라운 사체 청소부야. 독수리는 대머리라서 죽은
동물의 사체에 머리를 박고 살을 뜯어먹는 사이에도 더러운 세균이
깃털에 달라붙을 염려가 없어. 혹시 달라붙더라도 민머리여서 강렬한
햇볕에 깨끗이 살균될걸. 독수리가 대머리인 데도 다 이유가 있다는
말씀이야.

검독수리는 달라.
머리에도 깃털이 풍성해!

앗! 검독수리가
절벽에서 산양을 낚아채
날아오르고 있어.

검독수리는 사체 청소부가 아니야. 겨울철에 먹이가 부족할 땐
동물의 사체를 먹기도 하지만, 주로 사냥을 해.
꿩, 뇌조, 멧토끼, 양, 염소, 너구리, 고라니, 여우, 심지어 늑대도
사냥해. 시력이 뛰어나서 멀리서도 사냥감을 발견하면 어마어마한
속도로 날아와 낚아채. 갈고리 같은 매서운 발톱으로 자기
몸무게보다 훨씬 무거운 커다란 먹잇감을 꽉 물고 날아올라.
옛날에는 검독수리들이 숲과 평원에도 살았지만 점차 사라져 이제는
대부분 높은 산에서만 발견돼. 송전선에 부딪치고, 숲과 먹이가
사라져 전 세계에서 검독수리의 수가 크게 줄어들고 있어.
검독수리는 원래 우리나라에서 번식하던 텃새였는데 지금은 극히
적은 수가 하천, 평야, 해안가로 겨울을 보내러 오는 철새가 되었어.
검독수리는 멸종위기 야생생물 I급으로 지정되어 보호받고 있어.
국립생태원에 오면 야외 전시관에서 검독수리를 볼 수 있어.
2015년에 제주 한라산에서 검독수리 어미와 새끼가 함께 있는 모습이
포착되었어. 우리나라에서 극히 드물게 번식하는 것 같아.
검독수리들이 부디 잘 살아남아야 할 텐데!

시편의 필사본 삽화
중세 시대, 벨기에 왕립 도서관
© Bridgeman Images - GNC media, Seoul, 2025

저어새가 돌아왔어!

이게 뭐야!

그림이야?

하하. 책이야!

중세에 만들어진 두꺼운 성경책 속 〈시편〉의 한 페이지야.

이건 필사본이야.

필사본이 뭐냐고? 누군가가 손으로 직접 쓰고 그린 책이라는 거야.

세상에 하나뿐인 책이라는 말씀!

이걸 손으로 직접 쓰고 그렸다고?

그렇다니까! 문장이 끝나는 곳마다 동물이 그려져 있어. 페이지 가장자리에도 식물의 줄기를 따라 사람과 동물들이 그려져 있어. 여우, 노랑부리저어새 그리고 별 문양 안에는 신화 속의 반신반인

켄타우로스도 그려져 있어. 중세의 수도원에서 수도사들이 쓰고
그렸을 거야. 페이지마다 이렇게 화려한 그림이 들어간 필사본은
값이 어마어마해서 교회나 왕족, 귀족만이 소유할 수 있었어.
정확히 언제 그려졌는지 누가 그렸는지 알 수도 없는데, 이 그림에서
우리의 주인공은 페이지 맨 아래 한가운데 도도한 자태를 뽐내며 서
있는 노랑부리저어새야!

긴 부리를 물속에 넣고
휘휘 저으며 먹이를 잡는다고
이름이 저어새야!

전 세계에 저어새 종류는 6가지야. 그중 저어새, 노랑부리저어새
두 종류가 우리나라에 살아.
저어새는 봄에 우리나라에 와서 번식하고, 늦가을이 되면
우리나라보다 더 따뜻한 대만, 일본, 베트남으로 날아가 겨울을
보내다가 이듬해 다시 돌아오는 여름 철새야. 전 세계 4,500여 마리
저어새들 중 90퍼센트 이상이 우리나라 서해안의 무인도에 와
번식한다는 거야. 우리나라는 세계 저어새들의 고향이나 다름없어!

봄마다 저어새들이
서해안의 무인도로 돌아와.

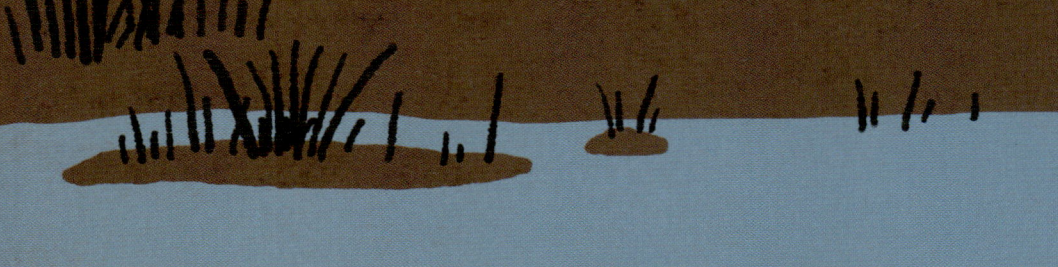

저어새는 부리가 정말 길어!

나는 노랑부리저어새야!

저어새는 부리가 주걱 모양이야. 깃털이 하얗고 몸길이가
80센티미터에 이를 만큼 커. 저어새를 본 적 있어?
1950년대 이전에는 우리 주변에서 저어새를 흔하게 볼 수 있었다고
해. 그런데 1988년에 288마리밖에 없다는 것이 보고되어
세계자연보전연맹 적색 목록에 심각한 절멸 위급종으로 분류된 적이
있었어.
다행히 저어새와 서식지를 보호하는 엄청난 노력으로 저어새들의
수가 조금 늘어났어. 2000년에 간신히 절멸 위기종으로 내려왔다는
거야.

'절멸 위급' 등급에서 '절멸 위기' 등급으로, 휴!

저어새가 어디로 사라진 걸까?
왜 사라진 걸까?
저어새는 물속에서 먹이를 사냥하는데, 갯벌이 점차 사라졌기
때문이야. 땅이 비좁다고 사람들이 갯벌을 개간해 땅을 만들고 집을
지어.
사용이 금지되기 전, 수십 년 동안 논밭에 뿌려진 강력한 살충제

DDT도 오랫동안 땅과 물속에 스며들어 문제를 일으켜. 먹이 사슬을 통해 DDT가 새들의 몸속에 쌓여. 어미의 몸속에 DDT가 농축되면 알껍데기가 얇아지고 알이 깨지기 쉬워. 그런 이유로도 저어새들의 수가 줄어들었을 것으로 추측해. 우리나라에서는 1986년부터 DDT 사용이 금지되었어. 오염이 사라진 갯벌에 저어새들이 다시 돌아와 알을 품기 바라.

저어새는 암수가 함께 알을 품어.

낮에는 수컷이, 밤에는 암컷이, 길게는 7~8시간까지도 꼼짝하지 않고 알을 품어.

그렇게 25일이 지나면 알에서 새끼가 나와. 새끼가 나오면 암수가 함께 길러. 번갈아 먹이를 구하고 둥지를 지켜. 새우, 게, 작은 물고기, 미꾸라지를 사냥하는데 먹이를 구하기 위해 1킬로미터에서 멀리는 25킬로미터까지 날아가. 잡아 온 먹이를 소화시키고 게워 내서 새끼들에게 먹여. 일찍 태어난 새끼가 먹이를 독차지해. 먹이가 부족하면 막내는 먹이를 제대로 먹지 못해 죽기도 해.

찍찍, 짹짹!
배고파요,
빨리 밥 주세요!

태어난 지 20일이 지나면 새끼들은 둥지를 벗어나 사냥 연습과 비행 연습을 해. 40일이 지나면 완전히 둥지를 떠나!

2019년 국립생태원 박사님들은 강화군에서 밀물 때 물속에 잠길 뻔한 저어새 알 10개를 구조해 인공 부화에 성공했어. 세계 최초로 말이야.

그렇게 부화한 저어새 새끼들은 1년 동안 야생 적응 훈련을 마치고 위치 추적기와 식별 가락지를 달고 강화도 갯벌에서 다시 하늘로 날아올랐어. 모두 5마리를 방사했는데 그중 1마리가 중국에서 겨울을 보내고 전남 고흥군 갯벌에 다시 날아왔어.

박사님들이 계속 추적 조사를 해 보니 그 저어새는 혼자 살지 않고 다른 저어새 4마리, 노랑부리저어새 1마리와 무리를 지어 함께 살고 있다는 거야!

저어새야, 부디부디 알을 많이 낳고 새끼를 잘 키우며 오래오래 살아.

갈매기
모세 스투펜달, 1940년, 개인 소장

검은머리갈매기 구출 작전

바위에 갈매기 한쌍이 앉아 있어.
그런데 마음은 온통 바다에 있는 것 같아. 눈길이 오른편 바다 쪽을
향하고 있어. 한번 더 물질을 하러 갈까 말까, 망설이는 걸까?
1940년에 스페인의 인상파 화가 모세 스투펜달이 그린 〈갈매기〉라는
그림이야.
잔뜩 구름 낀 검푸른 하늘을 슥슥, 풀이 돋아난 잿빛 바위를 슥슥,
갈매기도 슥슥 붓질해 그렸어.
스산한 바닷가, 철썩철썩 바위를 때리는 파도 소리가 들리는 것만
같아. 끼룩끼룩 갈매기 울음소리도!
화가 모세 스투펜달은 어렸을 때부터 많이 아파 학교를 다니지
못했어. 집에서 어머니께 읽고 쓰는 법을 배우고, 그림도 혼자서

익혔어. 스투펜달은 그림 그리기와 사냥을 좋아하고, 자연과 새를
즐겨 그렸어.

그림 속의 새는 재갈매기야. 재갈매기는 우리나라 바닷가에서도 흔히
볼 수 있는 겨울 철새야.

갈매기는 흔한 새인 것 같지만, 지구에 얼마 남지 않은 멸종위기종
갈매기도 있어. 바로 바로 봄마다 우리나라 서해안에 와 번식하는
검은머리갈매기야!

검은머리갈매기는 번식기에 머리 깃털이 검은색으로 변해!

그래서 이름이 검은머리갈매기야. 번식기가 지나면 머리 깃털이 다시
하얀색으로 돌아와.

검은머리갈매기는 중국과 우리나라에서만 번식하는 희귀 새야.
지구에 1만 4,000여 마리밖에 남지 않았어. 대부분이 중국에서
번식하는데 일부가 우리나라 서해안에 와 둥지를 틀어. 인천
영종도와 송도의 갯벌 매립지에 검은머리갈매기가 무리지어 날아와.
하지만 그 수가 점점 더 줄어들어 멸종위기 야생생물 II급으로
지정되었어.

하하.
머리를 검은색 잉크에 넣었다 꺼낸 것 같아!

앗, 어디선가 왜가리가 나타나 새끼를 노려! 검은머리갈매기가 떼로 날아올라 집요하게 왜가리를 쫓아내.

덩치 큰 왜가리도 검은머리갈매기의 집단 공격을 당해 내지 못해.

검은머리갈매기는 수백 마리가 떼를 지어 살아. 적이 나타나면 함께 방어한다는 말씀. 갓 태어난 새끼들을 수리부엉이, 황조롱이, 백로, 매, 족제비, 고양이, 너구리 들이 노리기 때문이야.
검은머리갈매기는 갯벌에서 작은 새우와 게, 갯지렁이를 사냥해. 4~5월에 갯벌과 가까운 마른 땅에 둥지를 틀어. 짠물에서 자라는 염생 식물의 잔가지를 물고 와 편평한 곳에 둥지를 짓고 한번에 알을 2~3개 낳아. 한번 짝이 된 암컷과 수컷은 평생 함께 사는데, 암컷과 수컷이 함께 알을 돌봐. 암컷이 알을 품으면 수컷이 곁에서 보초를 서. 20~30일이 지나면 찍찍, 쨱쨱 알에서 새끼가 깨어나. 새끼가 사냥 기술을 배우고 몸집이 어미만큼 자라면 겨울을 나기 위해 함께 따뜻한 남쪽으로 날아가. 이듬해 봄에 다시 번식지로 돌아와.

그런데 갯벌이 점점 사라지고 있어. 갯벌을 메워 공항을 만들고 도시를 세우기 때문이야.

수백만 년 동안 새들의 땅이었던 곳이 어느 날 갑자기 활주로로
변하고, 하루에도 수백 대씩 비행기가 날아올라.
남아 있는 매립지에 검은머리갈매기가 둥지를 틀기 위해 날아오지만,
무사히 알을 낳고 새끼를 기르기가 점점 더 어려워져.
매립지가 완전히 말라 버려 더 이상 둥지를 만들 염생 식물이 자라지
않고 그 자리에 대신 갈대가 높이 자라. 검은머리갈매기는 탁 트인
평지에 알을 낳는데, 갈대가 방해가 돼. 간신히 둥지를 틀고 알을
낳아도, 하루 종일 비행기 소음이 끊이지 않아.
갯벌 매립지가 완전히 육지로 변해 버려 까치와 너구리 같은
포식자도 나타나 알을 망가뜨려.
얼마 남지 않은 매립지마저도 안전하지 못해.
공사가 척척 진행되어 남은 매립지가 거의 없어. 마지막 남은
매립지마저 팔려 아파트와 빌딩, 호텔이 들어설 예정이야.

검은머리갈매기가 둥지 틀 땅이
점점 점점 줄어들고 있어.

검은머리갈매기 구출 작전

국립생태원 박사님들이 검은머리갈매기의 알을 구하러 나섰어.
까치와 너구리가 알들을 망가뜨리기 전에 구출하기로!
박사님들이 조심조심 둥지에 다가가 알을 채집해.
멸종위기종복원센터에 돌아와 알들을 인공 부화기에 넣고 부화시켜.
어미가 없어도 알이 부화할까?
휴! 40개 알들 중 31개가 무사히 부화했어.

어미 대신 박사님들이
새끼에게 먹이를 주고,
비행 훈련을 시켜.

물론 야생 사냥 훈련도!
국립생태원 조류관에 갯벌 환경을 만들어 주고 살아 있는 갯지렁이를 넣어 줘. 검은머리갈매기들이 사냥을 배우며 튼튼하게 자라. 건강하게 자라나면 다리 길이, 부리 길이, 몸무게를 측정하고, 다리에 식별 가락지를 끼워. 전 세계 어디에 있어도 위치를 알 수 있는 GPS 장치도 장착해. 야생 방사 준비 끝!
새장의 문이 열리고, 검은머리갈매기들이 힘차게 날아올라!

두 마리의 아기 고양이와 개구리
존 헨리 돌프, 1890~1899년

금개구리를 도와줘!

귀여워! 아기 고양이 두 마리가 개구리를 노려보고 있어. 줄무늬 갈색고양이는 고개를 숙이고 앞발을 오므리고 조심조심. 흰 아기 고양이는 한 발을 개구리 쪽으로 쭉 내밀고 건드려 보려 하고 있어. 이건 뭐야, 궁금해 죽겠다는 듯이.

이 그림의 제목은 〈두 마리의 아기 고양이와 개구리〉야. 1890년대에 존 헨리 돌프라는 미국 화가가 그렸어. 개와 새끼 고양이 같은 반려동물을 그려 유명해진 화가야. 그림 속 아기 고양이들도 화가가 기르던 고양이가 아닐까?

하하. 고양이 앞에 개구리라니!

어느 날 정원에서 낮잠을 자던 아기 고양이들 앞에 개구리 1마리가 나타났을지 몰라. 아기 고양이들이 화들짝 놀라 개구리를 관찰하다가 녀석과 놀고 싶어진 게 틀림없어.

그림 속 개구리는 아메리카 황소개구리 같아. 황소개구리는 우리나라에서도 흔히 볼 수 있어. 원래는 아메리카 대륙에 사는 개구리인데, 1971년 우리나라에 식용으로 들여와 전국에 퍼졌어. 황소개구리는 이름에 걸맞게 다 자라면 몸길이가 35센티미터에 달할 만큼 거대한 개구리야. 번식력도 엄청나서 한번에 알을 2만 개까지 낳는다는 거야.

황소개구리는 물고기와 도롱뇽을 잡아먹고, 뱀도 꿀꺽꿀꺽 삼켜. 우리나라 곳곳에 황소개구리가 엄청나게 불어나서 생태계를 어지럽히고 있어. 그런 황소개구리에 밀려 우리나라의 토종 개구리가 사라져 가고 있어. 산개구리, 참개구리, 금개구리 같은 우리나라 토종 개구리들은 몸집이 훨씬 작거든.

그중에서도 금개구리가 가장 위험해.

금개구리를 본 적 있어? 뽁뾱로로로로록~.
금개구리는 울음소리도 독특해.
이제 어디에서도 거의 모습이 보이지 않아서 2005년에 멸종위기 야생생물 Ⅱ급으로 지정되었어.

몸은 밝은 녹색이고
등 양쪽에 황금색 줄이 있어.

금개구리는 다 자라도
길이가 4~6센티미터 정도야.

금개구리가
귀뚜라미를 노리고 있어!

하하, 금개구리는 뜀뛰기 실력도 사냥 솜씨도 별로여서 별명이 '멍텅구리'야.

금개구리를 놀리면 안 돼!
금개구리는 사냥 솜씨가 좋을 필요가 없었어. 오래오래 금개구리가 살던 습지에는 언제나 먹이 곤충들이 넘쳐 났고, 물이 깊어서 뱀 같은 포식자도 별로 없었기 때문이야.
하지만 이제 금개구리가 안심하고 살아갈 만한 곳이 거의 없어.
금개구리는 논두렁이나 습지에 주로 살아.
옛날에는 우리나라 어디에서나 볼 수 있었는데, 지금은 논밭이 사라지고, 논두렁조차 콘크리트 물길로 바뀌어서 금개구리가 살아가기 힘들어.
농약도 문제야. 인간이 농약을 뿌리고, 불도저가 습지를 메우러 들어와도 금개구리는 멀리 이동하지 못해. 금개구리는 거의 물속에 살고, 평생 10미터도 움직이지 않고 한곳에서 살아. 금개구리가 빠르게 멸종해 가는 이유야. 우리나라에만 사는 개구리인데…….
그럼, 지구에서 영영 사라지는 거야.

다행히도 국립생태원 멸종위기종복원센터에서 금개구리 알을 채취해 인공으로 부화시키는 데 성공했어. 그렇게 태어난 금개구리를 국립생태원 습지에 방사했어.

금개구리들이 부디 자손을 많이 낳고 잘 살아남아야 할 텐데…….

개구리가 속한 양서류는 생태계 먹이 사슬에서 아주 중요해.

개구리, 두꺼비, 도롱뇽 같은 양서류는 물과 땅을 오가며 곤충을 잡아먹는데, 양서류가 사라지면 해로운 곤충이 급속도로 불어나. 양서류가 사라지면 양서류를 먹고 사는 어류, 파충류, 조류, 포유동물의 먹이 사슬도 위태로워져.

파충류학자 루이스 콜로마는 이렇게 말했어.

'개구리와 두꺼비의 멸종 속도가 지구상에서 갑자기 사라진 공룡과 같아요!'

금개구리가 지구에서 영영 사라져 버릴까 노심초사하며 과학자들이 금개구리의 뼈를 손가락, 발가락까지 컴퓨터 단층 촬영으로 찍어 3D 영상을 만들었어. 디지털 표본으로 영구 보존하려고 말이야.

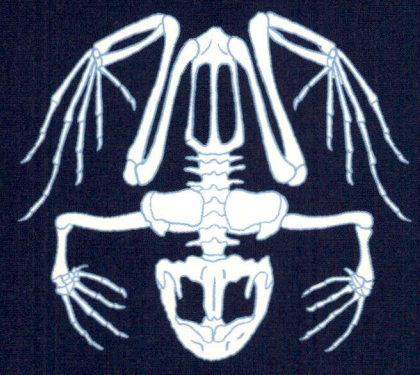

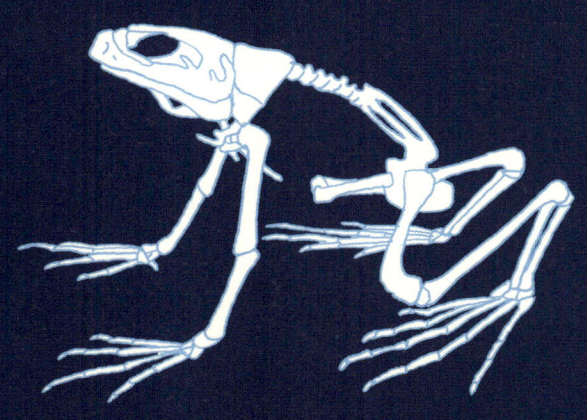

머지않아 금개구리는
디지털 화석으로만 남을지 몰라.

맨드라미와 쇠똥벌레(초충도_부분)
신사임당, 조선 중기, 국립중앙박물관

소똥구리야, 돌아와!

소똥구리를 찾아봐.
보여? 맨드라미 아래 소똥구리 3마리가 똥 구슬을 굴리고 있어.
1마리가 앞장서고, 2마리가 영차영차 구슬을 굴려.
신사임당이 그린 〈맨드라미와 쇠똥벌레〉라는 그림이야.
8폭 병풍에 그림을 그렸는데 그중 한 폭에 그려져 있어. 키가 크지
않은 나지막한 병풍이고, 그림의 크기도 도화지만 해. 예쁜 그림이
그려진 병풍을 둘러 바람도 막고 방도 장식해.
신사임당은 어렸을 때부터 경전에 통달하고, 글짓기와 붓글씨, 자수,
바느질, 그림에 능한 재주가 있었어.
신사임당의 병풍 그림은 〈초충도〉라 불리는데 풀과 꽃, 벌레를
그렸기 때문이야. 이 그림에도 맨드라미, 쑥부쟁이, 나비, 소똥구리가

나와. 뜰이나 마당에서 흔히 볼 수 있었던 풀과 벌레를 관찰해 그렸을 거야. 하지만 사임당의 그림에 나오는 풀과 벌레 중 지금은 우리 곁에 없는 게 있어. 바로 바로 소똥구리야. 소똥구리는 말 그대로 소똥을 굴린다고 이름이 소똥구리야. 하지만 말똥도 좋아해.

똥으로 무얼 하냐고?
먹어!

소나 말이 푸드득 똥을 싸면, 어디선가 잽싸게 소똥구리가 날아와. 똥 조각을 떼어 내 구슬을 만들어. 어떻게 아는지 동그랗게 동그랗게 구슬을 만든다니까. 소똥구리는 몸집이 새끼손톱만 한데 자기 몸집보다 10배나 큰 똥 구슬을 만들어. 물구나무서서 뒷다리로 구슬을 굴려. 가다가 돌부리에 부딪혀도 절대 포기하지 않고, 낑낑 끙끙 구슬을 굴려.

가끔 다른 소똥구리가 날아와 쟁탈전을 벌이기도 해. 남의 똥 구슬을 탐내는 얌체 소똥구리도 있다니까.

똥 구슬을 빼앗기면 소똥구리는 미련 없이 똥 무더기로 날아가 새로 똥 구슬을 만들어. 들판에는 동물의 똥이 어디에나 널려 있어서 치열하게 싸울 필요가 없어.

소똥구리가
똥 구슬을 만들어 다시 굴려!

은신처에 도착하면 굴을 파고 똥 구슬을 묻어. 똥 구슬에 머리를 박고 하루 종일 야금야금 먹어 치워. 소똥구리는 똥 구슬을 엄청나게 많이 먹어야 해. 똥 속에 영양분이 별로 없기 때문이야.

**소똥구리는
소똥, 말똥 속에 소화되지 않고 남은
풀 찌꺼기와 영양분을 먹으며
자기도 엄청나게 똥을 싸.**

소똥구리가 잘게 잘게 분해해 준 덕분에 동물의 엄청난 배설물이 들판의 기름진 흙으로 돌아가.
소똥구리가 없다면, 야생 동물의 똥이 다 어디로 가겠어?
자연에는 화장실도 없고, 정화조도 없는데, 그 많은 동물의 똥이 어떻게 될까?
하하. 소똥구리가 6500만 년 동안 지구의 청소부였어!
냠냠, 똥을 배불리 먹고 5월이 되면 소똥구리는 소중한 똥 구슬을 땅에 묻고 구슬 속에 알을 낳아. 똥 구슬은 소똥구리 애벌레의 먹이가 되고 안전한 집이 되어 줄 거야.

"안녕?"

알에서 애벌레가 깨어나
똥 구슬을 갉아 먹으며 어른 벌레로 자라.

예전에는 소가 지나다니는 길이나 소를 매어 둔 냇가에서 소똥구리가
똥 구슬을 굴리는 모습을 흔히 볼 수 있었어.
이제는 아무 데서도 소똥구리의 모습을 볼 수 없어.

소똥구리가 다 어디로 갔을까? 왜 사라졌을까?

들판에서 풀을 먹고 살아가는 소들이 없기 때문이야.
이제 소들은 비좁은 사육장에서 옥수수 사료를 먹으며 자라. 그런
소가 누는 똥에는 영양분이 없어. 방부제와 항생제가 그득해
소똥구리가 먹을 수 없어.
소똥구리가 똥 구슬을 묻을 땅도 농약과 화학 비료로 오염되었어.
우리나라에서는 1971년 이후로 소똥구리가 1마리도 발견되지 않았어.
2017년, 환경부가 우리 땅에 소똥구리를 다시 번식시키기 위해
소똥구리 50마리에 5,000만 원의 상금을 내걸었지만 1마리도 찾지
못했어.
할 수 없이 몽골에서 우리나라 소똥구리와 유전자가 비슷한

소똥구리를 들여와 국립생태원 멸종위기종복원센터에서 사육하기 시작했어.

소똥구리를 인공으로 사육하는 건 쉬운 일이 아니야. 다행히도 경마장에서 달리다 부상당한 경주마를 데려와 소똥구리에게 말똥을 먹이로 줄 수 있었다는 거야.

그중 200마리를 2023년에 충남 태안에 방사했어. 소똥구리가 좋아하는 모래밭이 있고, 근처에 소를 방목하는 집들이 있어 소똥구리가 살기 딱 좋은 곳이야. 우리 땅에서 사라진 지 50여 년 만에 다시 소똥구리가 살게 되었어!

**소똥구리들이 잘 살아남아
우리 땅 곳곳에서
똥 구슬을 굴리는 모습을
다시 볼 수 있을까?**

어해도(부분)
작가 미상, 조선 시대, 국립민속박물관

민물고기는 구불구불 강이 필요해

스르르 츠르르!
크고 작은 잉어들이 개울에서 헤엄을 치고 있어. 커다란 잉어 뒤에
조그만 물고기 2마리도 따라 헤엄을 쳐.
잉어 둘이 짝짓기를 하고 있는 걸까? 아니, 물풀을 먹고 있는 것
같기도. 사이가 좋아 보여.
누가 그렸는지 알 수 없지만 조선 시대에 그려진 〈어해도〉야.
어해도는 물고기와 바다 생물을 그린 그림을 말해. 〈어해도〉는 6폭
병풍에 그려져 있는데, 잉어 말고도 붕어, 메기, 농어, 조개, 새우, 게와
자라가 나머지 5폭에 그려져 있어.
옛날 사람들은 이렇게 물고기와 바다 생물을 그려 병풍을 장식했어.
양반집에는 방마다 한쪽 벽에 6폭이나 8폭짜리, 심지어 12폭짜리

병풍이 세워져 있었고, 조선 시대 후기에는 화가들이 양반 고객들의 집을 찾아다니며 병풍 그림을 그려 주는 게 유행했어.
그런데 왜 물고기를 그렸을까?
어해도의 물고기는 그냥 보기 좋으라고 그린 게 아니야. 물고기는 행운과 축복과 건강을 뜻해. 한자로 물고기 '어'가 남을 '여' 자와 발음이 비슷하다며 물고기가 풍족한 삶을 뜻하게 되었고, 물고기가 밤낮으로 눈을 뜨고 있기 때문에 안전과 보호를 뜻하게 되었어.
물고기는 또 알을 많이 낳기 때문에 부귀와 다산의 의미도 갖게 되었어. 잉어 그림은 대개 과거 시험을 보러 가는 선비의 가족들에게 선물했어. 잉어는 힘이 세서 높은 폭포도 뛰어오른다고 믿었기 때문에 어려운 시험을 잘 통과하라고 말이야.

잉어를 자세히 본 적 있어?

잉어는 커다란 물고기이고 아주 오래 살아. 20년 이상 살면서 계속 자라기 때문이야. 보통 어른의 팔뚝만 한데 큰 것은 다리통만 하기도 해. 대개는 등이 검푸르고 배는 누르스름해. 주로 강의 중하류나 물이 고여 있는 곳에 살아.

잉어는 머리가 크고 입술도 두툼해.
주둥이에는 양쪽으로 수염이 나 있어.

민물고기는 구불구불 강이 필요해

그림 속의 잉어는 엄마 잉어가 새끼 잉어를 데리고 있지만
자연에서는 그럴 일이 없어. 잉어는 알을 20~50만 개쯤 낳고,
잡아먹히지 않는다면 저 스스로 살아가.
잉어는 아무거나 잘 먹어. 작은 물고기도 잡아먹고, 물풀도 먹어.
주둥이로 진흙을 들쑤셔서 벌레가 나오면 입을 쭉 내밀어 삼켜.

**잉어는 겨울잠을 자는 물고기야.
추운 겨울이 되면 호수나 냇물
아래쪽에 모여들어 거의 먹지도
움직이지도 않고 함께 지내.**

그러다가도 무언가에 놀라기라도 하면 자리를 옮겨.
우리나라에는 민물고기 200여 종이 살고 있는데, 아마 가장 많은
물고기는 피라미일 거야. 강 상류만 빼고 피라미가 살지 않는 곳은
거의 없을걸.
강이 오염되지 않았을 때는 깨끗한 물이 흐르는 중상류에는 갈겨니,
쉬리, 퉁가리가 살고, 물이 탁한 하류나 저수지에는 모래무지, 잉어,
붕어가 많이 살았어.
하지만 피라미는 물이 오염된 곳에서 아직도 버티며 살고 있어.

50~60년 전만 해도 우리나라 냇물과 강에는 다양한 물고기가 살고 있었어.
그거 알아?
우리나라 민물고기 중에서 4분의 1이 세계에서 오직 우리나라 민물에서만 사는 고유종이야.
덥고 춥고, 강물이 얼어붙고, 홍수가 나고 가뭄이 들고…….
물고기에게는 변화가 많은 환경이라 할 수 있어. 다양한 환경에 다양하게 적응한 물고기들이 우리나라 민물에 살아 남았어.

**꼬치동자개, 미호종개, 흰수마자,
얼룩새코미꾸리, 감돌고기, 여울마자, 한강납줄개,
버들가지, 좀수수치, 어름치…….**

오직 우리나라 민물에서만 살고 있는 고유종 물고기들이야. 하지만 이제는 거의 볼 수 없는 물고기들이기도 해.
천연기념물이자 멸종위기종인 어름치는 알의 안전을 지키는 일에 무척 정성을 들이는 특이한 물고기야.
어름치는 온몸에 까만 점이 많아. 헤엄칠 때 온몸에 난 까만 점이 어른거린다고 어름치야. 산란기가 되면 어름치는 알을 낳은 다음 작은 돌을 물어와 덮어. 산란탑을 만들어 알들을 보호하는 거야.

나는 어름치야!

어름치는 한강, 임진강, 금강에 살았지만 물이 오염되어 지금은 거의
보기 힘들어졌어. 어름치가 알을 낳고 살아가는 물속 자갈밭도 강이
개발되며 자연 그대로의 모습이 훼손되어 자꾸만 사라져 가고 있어.
굽이쳐 흐르는 강을 들여다보면, 거기에는 여울이 있고, 바닥에
자갈밭과 돌덩이와 모래톱이 있고, 물살이 세찬 곳과 느린 곳이 있어.
강은 원래 살아 있고 구석구석 힘이 넘치는 곳이야.
여울마다 세차게 흐르는 물이 돌과 부딪히며 빠르게 흘러 물속에
산소가 많이 녹아들게 해. 자갈과 큰 돌에는 갖가지 수생 식물이 붙어
있어서 광합성을 하고 영양분을 만들어. 곤충들이 물풀에 알을 낳고
애벌레들이 물고기와 게, 새우, 자라, 올챙이의 먹이가 돼. 강바닥에
쌓인 모래는 곤충과 물고기의 집이 되어 줘. 다양한 환경 덕분에 여러
동식물이 어우러져 살아갈 수 있어. 그런데 사람들은 자꾸 강을
반듯하게 만들고 있어. 홍수가 난다고 강바닥을 깎아 내는 공사를
하고, 돌과 자갈밭과 모래밭을 없애고, 억지로 댐을 만들고 있어. 물의
흐름이 막히고, 다양한 물고기들이 살아가는 다양한 곳이 사라져 가.
사람들은 인간이 물을 깨끗하게 해서 물고기를 보호해 줘야 한다고
생각해. 하지만 물고기가 알면 코웃음이라도 치고 싶을걸. 물속에
다양한 생물들이 살아가면서 깨끗한 물을 만들어 주는 거야!
이대로 간다면 100년쯤 뒤에는 우리나라에 살았던 수많은
물고기들은 책과 컴퓨터 속에서 사진으로만 남게 될 거야.

이아 오라나 마리아
폴 고갱, 1891년, 메트로폴리탄 박물관

바나나의
조상을 찾아라!

이 그림의 제목은 〈이아 오라나 마리아〉야.

무슨 말이냐고?

남태평양 섬의 타이티 말로 '마리아를 경배합니다'라는 뜻이야.

마리아는 예수의 어머니 성모 마리아야. 빨간색 꽃무늬의 타이티 전통 옷을 입고 어린아이를 무등 태우고 있는 여인이 바로 성모 마리아야.

검은 피부의 타이티 여인이 성모 마리아라고?

그럼, 어린아이가 예수?

하하. 프랑스 화가 폴 고갱이 그렇게 그렸어!

훗날에 위대한 화가로 손꼽히지만 청년 시절에 폴 고갱은 화가가 아니었어. 뱃사람으로 외국의 항구를 떠돌고, 10년 동안 평범하게 주식 중개인으로 일했어. 그런데 무슨 일인지 35세에 안정된 직업을 버리고 늦깎이 화가가 되기로 해.

폴 고갱의 그림은 독특해. 정통 원근법을 무시하고 강렬한 색과 단순한 선으로 자신만의 화풍을 개척했어. 자연도 그대로 그리지 않고 상상으로 그려. 어린아이의 그림처럼 원근법은 사라지고 상상과 실제가 뒤섞인 단순하고 강렬한 그림이 탄생해.

평론가들은 고갱의 그림을 좋아하지 않았고 그림은 팔리지 않았어. 고갱은 가난과 질병에 시달리며 고독하게 그림을 그려. 하지만 점점 도시의 문명 생활이 싫증 나고 물질문화에 실망하며 때 묻지 않은 원시의 자연을 동경하게 돼.

고갱은 아내도 아이들도 남겨 두고 홀로 남태평양의 작은 섬 타이티로 떠나. 그곳에서 원주민들과 어울리고 원주민처럼 살며 그림을 그려. 〈이아 오라나 마리아〉는 타이티에서 첫 번째로 완성한 그림이야.

고갱은 이 그림이 무척 마음에 들었고, 파리의 뤽상부르 박물관에 기증하고 싶어 했어.

타이티 여인으로 둔갑한 성모 마리아라니!

고갱의 제안은 단박에 거절당했어. 지금은 값을 매길 수 없는 작품이 되어 미국의 메트로폴리탄 미술관에서 수많은 관람객을 맞이하게 되었는데 말이야.

미술관에 갔다고 상상하고 차근차근 그림을 관람해 볼까?

타이티 전통 의상을 입은 2명의 여인이 성모 마리아와 아기 예수를 경배하고 있어. 성모 마리아와 아기 예수의 머리 둘레로 동그랗게 후광이 비쳐. 아래쪽에는 마리아와 아기 예수께 드리는 예물도 놓여 있고.

타이티의 열대 과일, 바나나야!

고갱의 그림이 이 책에 실린 이유가 바로 바로 제단에 바쳐진 이 바나나 때문이라는 말씀.

왜?

바나나가 멸종위기야?
그렇다니까!

사계절 내내 마트 진열대마다 바나나가 그득그득한데 멸종이라니!

사람들이 바나나를 너무 많이 먹어서?

그게 아니야.

바나나가 멸종위기를 맞은 건 우리가 마트에서 보는 그 많은 바나나들이 모두 한 가지 품종이기 때문이야.

다양한 상표를 달고 있어도 모두 유전자가 같아!

혹시 바나나를 먹을 때 궁금한 적 있어? 바나나에 왜 씨가 없는지?

바나나의 조상을 찾아라!

바나나는 신기한 음식이야. 노랗고, 달고, 껍질이 쉽게 벗겨져. 맛있고
어디서나 구할 수 있어. 간단하게 아침으로 먹기에도 좋아.
머나먼 열대 나라의 과일인 바나나가 어떻게 전 세계의 식탁에
오르게 되었을까?
1950년대에 중앙아메리카의 과테말라에 바나나 대농장이 들어섰어.
과테말라에 바나나 대농장을 설립한 푸드 회사는 대농장에
'그로 미셸'이라는 단 한 가지 품종의 바나나를 심었어.
재배용 바나나를 집단으로 수정시키기는 어렵기 때문에 꺾꽂이하는
방식으로 바나나를 번식시켰어. 가장 좋은 가지를 잘라 내 다시 심는
방식으로 말이야. 그래서 바나나에 씨가 없어. 유전자가 섞이는 일
없이 똑같은 유전자가 끝없이 복제되는 거야.

모양도, 크기도, 맛도 똑같은 클론 바나나가 끝없이 생겨나.

달고, 맛있고, 게다가 씨도 없는 바나나라니!
이보다 더 좋을 순 없어. 푸드 회사는 엄청난 돈을 벌어들여. 생각했던
대로 바나나가 끝없이 끝없이 열려.

"우리는 모두 복제 바나나야."

야생 바나나에는 씨가 있어!

바나나 농장에 유전자가 똑같은 바나나들만 자라는 것을 보고
과학자들이 경고했어. 바나나 하나를 공격하는 치명적인 병원균이
생기면 바나나 농장 전체에 대재앙이 닥칠 것이라고 말이야.
그런데 정말로 그런 일이 일어나고 말았어. 바나나 대농장에
파나마병이 발생한 거야. 곰팡이가 물과 흙을 통해 바나나를
뿌리부터 감염시키는 파나마병이 암처럼 퍼져 나갔어. 하늘에서
내려다본 라틴아메리카의 대농장들은 연녹색 땅이 검은색으로
변하고, 몇 년 동안 황폐한 땅으로 버려졌어. 푸드 회사는 부랴부랴
새로운 품종의 바나나를 심었어. 하지만 이번에도 과학자들의 경고를
무시하고 '캐번디시'라는 단 한 가지 품종의 바나나를 심었어.
그로 미셸보다 맛은 훨씬 덜하지만 병충해에 강했기 때문이야.
캐번디시 바나나는 대성공을 거두어 세계 곳곳으로 퍼져 나갔어.
1950년대 이후에 태어난 사람들이 먹은 바나나는 거의 모두
캐번디시 바나나라는 거야.
하지만 1990년대에 캐번디시 바나나에 병을 일으키는 새로운 파나마
병균이 생겨나 전 세계로 퍼져 나가고 있다는 소식이야. 바나나의
조상, 야생 바나나를 찾아 유전자를 섞어 병충해에 강한 새로운
품종을 만들어야만 해. 하지만 야생의 바나나가 점점 사라져 가고
있어. 더욱더 심각한 일은 바나나뿐만 아니라, 우리가 먹는 대부분의
식물종에 바로 이런 일이 일어나고 있다는 거야!

묵란도축
민영익, 조선 후기, 국립중앙박물관

나도 풍란이 다시 살 수 있을까?

주르륵, 족자를 펼쳐 보자!
족자가 뭐냐고?
세로로 길죽한 두루마리야. 그림이나 글씨를 감상하기 위해 기둥이나 벽에 걸어 두는 거야. 항상 걸어 두고 보는 건 아니고, 잠깐 동안 펼쳐 보고 평상시에는 둘둘 말아서 잘 보관해 둬.
난초가 그려져 있네. 조선 후기의 문인이자 정치가, 예술가 민영익의 묵란도들 중 하나야.
난은 '그린다'고 하지 않아. 난을 '친다'고 하지. 붓에 먹을 듬뿍 묻혀 날렵한 난 잎을 쓰윽쓰윽.
쉬워 보이지만 난을 잘 치기는 매우 어려워. 난을 치려면 학식과 덕망을 갖춰야 하고, 수많은 연습을 하고 시간이 흘러야 겨우 그릴 수 있다니까.

민영익은 어렸을 때부터 글씨를 잘 쓰고 그림도 잘 그렸어. 특히 난을 치는 솜씨가 빼어나서 당대 난 그림의 대가였던 흥선 대원군과 쌍벽을 이루었다고 해.

민영익은 명성 황후의 조카이기도 해. 문과에 급제해 일찍이 벼슬길에 나아갔지만 조선 시대 말기의 어지러운 정세 속에서 파란만장한 삶을 살았어. 구식 군대의 차별 대우로 일어난 '임오군란', 개화파가 황후 민씨를 몰아내고 정치를 쇄신하려고 일으킨 '갑신정변', 조선의 이권을 둘러싸고 일어난 '청일 전쟁', 명성 황후가 시해된 '을미사변', 고종이 러시아 공관으로 피신한 '아관 파천', 조선의 외교권을 박탈한 '을사늑약', 한일 합병으로 대한 제국이 무너지는 '국권 피탈'을 모두 겪었어.

민영익의 또 다른 작품으로 〈노근묵란도〉라는 그림이 있어. 나라를 빼앗긴 슬픔을 이기지 못해 뿌리가 뽑힌 난을 그렸는데, 그림 속 난꽃조차 눈물을 흠뻑 머금고 있다는 거야. 민영익의 난 그림 속에는 무너진 가문과 나라를 잃은 슬픔이 절절히 배어 있어.

민영익과 같이 조선 시대의 선비 화가들은 군자가 갖추어야 할 덕과 기품을 가졌다며 매화, 난초, 국화, 대나무를 즐겨 그렸어.

그중에서도 난을 가장 사랑했는데, 깊은 산중에서 비와 이슬만으로 살아가면서도 수려한 잎에 고결한 꽃을 피워 고고한 향기를 멀리까지

내뿜는 난을 닮고 싶어서인지 몰라.

난초는 지금도 사람들이 좋아해서 선물을 하거나 집에서도 기르는 사람이 많아. 하지만 기르기가 쉽지 않아서 집집마다 애물단지가 된 난 화분이 한두 개쯤 있을 정도야.

난은 꽃을 피우는 식물 중에서 가장 번성한 종류 중 하나야. 주변 환경에 맞추어 고도로 진화한 식물이기도 해. 어떤 난은 흙속에 뿌리를 내리지 않고 나무나 바위 절벽에 붙어 자라.

기생식물이냐고?

아니! 스스로 광합성을 하는 늘푸른 여러해살이풀이야. 풍란이라는 난초인데 주로 나무나 바닷가의 절벽 같은 험한 장소에 붙어서 살아가. 바람이 잘 통하고 공중 습도가 높은 바위 위나 나무 위의 깨끗한 곳에서 그윽한 향을 풍기며 신선처럼 고고히 살아간다 해서 '선초'라 불리기도 했어.

풍란과 이름이 비슷한 '나도풍란'이라는 난초가 있어. 비슷하게 생겼다고 '나도 풍란이라 불러 줘'라고 '나도풍란'이 되었다나. 하지만 풍란과 나도풍란은 다른 난초야. 잎이 작고 크고, 비슷하게 생겼지만 꽃이 피면 둘은 완전히 달라.

'풍란'이야.

여름에 나도풍란이 꽃을 피우면 연한 백록색 꽃잎에 붉은 반점이 나타나. 꽃이 아름다울 뿐 아니라 향기가 얼마나 좋은지 배를 타고 나간 어부들이 향기를 맡고 돌아올 수 있을 정도라는 거야.
나도풍란의 속명은 Sedirea인데 라틴어로 '공기의 자식'을 뜻하는 'Aerides'의 글자 순서를 거꾸로 하여 붙인 이름이래. 공기 중에 뿌리를 드러낸 채 살아가는 습성에 딱 맞는 이름이지 뭐야.

나도풍란은 뿌리로 공기 중의 물을 흡수해.

뿌리에 근피라는 층이 있어서 빗물과 안개, 수증기처럼 공기 중에 있는 수분을 흡수해 저장할 수 있어. 또 뿌리에도 엽록소가 있고 광합성을 할 수 있어.
나도풍란은 겨울철에도 따뜻한 우리나라 남해안의 여러 섬들과 제주도에 퍼져 살았는데, 이제 우리나라의 야생에서는 거의 볼 수 없어.
2005년, 멸종위기 야생생물 I급이 되었어. 나도풍란이 아름답기 때문에 난을 좋아하는 사람들이 화분에 옮겨 심겠다고 마구 캐 갔기 때문이야.

야생에서 살아가는 나도풍란의 수가 너무 없어 번식하기가 점점 더 어려워져. 안 그래도 험준한 바위 절벽에서 살아가는데 꽃을 피우더라도 꽃가루가 다른 나도풍란에 옮겨가 씨앗을 맺을 확률이 점점 희박해져.

나도풍란이 자라는 곳마다 사람들이 몰려와 서식지가 오염되고 파괴되는 것도 나도풍란이 야생에서 급속히 멸종해 가는 이유야. 원예 가게와 인터넷에서 활발히 거래되는 나도풍란을 자연에서는 볼 수 없다니 믿어져?

다행히도 국립생태원 멸종위기종복원센터에서 야생의 나도풍란을 찾아 번식시키려 연구하고 있어.

야생에서 나도풍란이 자랐다는 기록이 있지만 지금은 거의 찾을 수 없어. 할 수 없이 멸종위기종복원센터에서 증식시킨 나도풍란을 자연에 옮겨 심고 있는데, 야생에서 잘 자랄 수 있는지 끊임없이 관찰하고 살펴야 해.

따뜻한 남쪽 섬들의 바닷가에 나도풍란이 다시 자라나면 좋겠어. 야생에서 나도풍란을 보면, 부디 캐지 말아 주세요!

플랫아이론 빌딩
콜린 캠벨 쿠퍼, 1904년, 댈러스 미술관

멸종의 생물학

이 그림의 제목은 〈플랫아이론 빌딩〉이야. 1904년, 미국의 인상파
화가 콜린 캠벨 쿠퍼가 그렸어.
쿠퍼는 뉴욕, 필라델피아, 시카고 같은 대도시의 마천루들을 인상주의
기법으로 그려 유명해졌어. 이 그림은 뉴욕 맨해튼에 지금도 있는
플랫아이론 빌딩을 그린 거야.
어디선가 본 것 같지 않아?
영화 '스파이더맨'에 나왔던 바로 그 빌딩이야. 수많은 영화와 광고에
출연한 유명한 건축물이지.
플랫아이론 빌딩은 1902년에 지어졌는데 철제 골조로 지어진 최초의
현대식 건물이야.
뉴욕에 가면 플랫아이론 빌딩을 보러 가.

하늘에서 보면 꼭 다리미같이 생겼다고 사람들이 플랫아이론이라
부른 게 빌딩의 이름이 되어 버렸어. 낡았지만 플랫아이론 빌딩은
200년 전 모습 그대로인데 거리의 풍경이 완전히 바뀌었어.
돌이 깔린 광장은 아스팔트 도로로 변하고 그 위를 딸그락딸그락
신사 숙녀를 태운 마차 대신 바쁜 직장인들과 관광객을 태우고 노란
택시들이 질주해.
하지만 200년 전 쿠퍼의 그림 속 거리에도 벌써 산업화되고 현대화된
도시의 모습이 느껴져.
다시 그림을 봐 봐. 현대식 건축물이 늘어선 광장에 가로수 한 그루가
없어. 풀과 나무가 하나도 보이지 않아.
살아 있는 것이라곤, 마차를 끄는 말과 북적거리는 사람들뿐이야.

자연이 사라져 버렸어.
지구가 거대한 도시로 변하고 있어!

쿠퍼가 최초의 현대식 건축물을 그리고 겨우 200년 만에 지구는 도시
행성이 되었어. 2008년, 전 세계의 도시 인구가 시골의 인구를
앞질렀어. 도시가 점점 넓어져 2050년이 되면 세계 인구 10명 중
7명이 도시에 살게 된다는 거야.

진화의 역사에서 보면
인류는 숲에서 거의 곧장
사무실로 직행한 것과 같아!

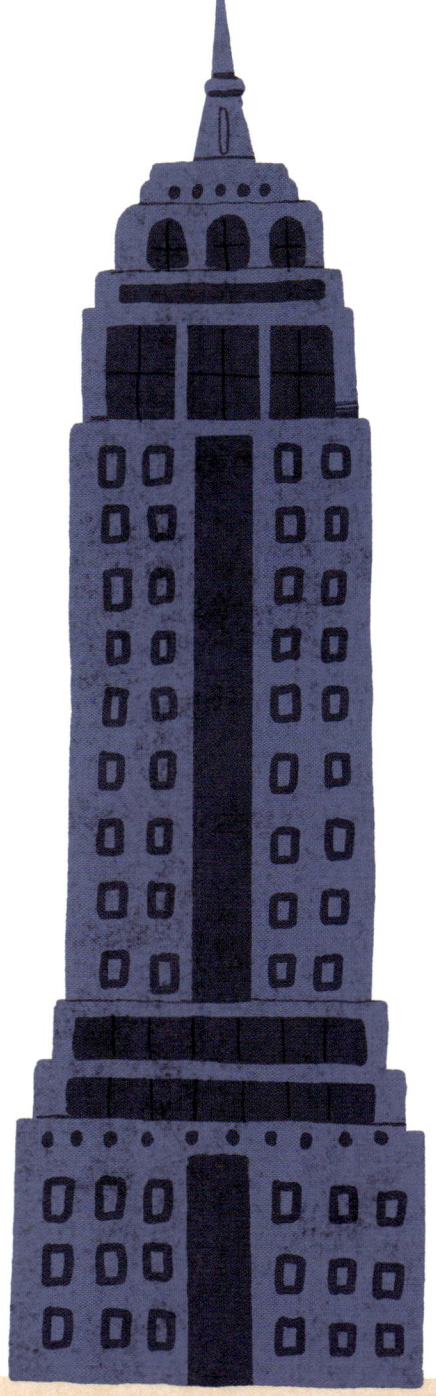

인류라는 종의 거의 모든 시간 동안 우리는 사냥꾼이었고 숲과 들에서 식물과 곤충을 채집하던 야생의 동물이었어. 호모 사피엔스가 지구에 진화한 20만 년 동안 말이야.

인류는 오래오래 자연과 함께 진화했어.

아이들이 지금도 밖에서 뛰어놀기를 좋아하고, 책상에 앉으면 한시도 가만히 있지 못하는 이유가 뭐겠어? 먹을거리와 안전한 보금자리를 찾아 하염없이 떠돌아다니던 오래오래된 유전자를 아직도 몸속에 고스란히 간직하고 있기 때문이야.

우리는 지금도 시속 200킬로미터로 달려가는 자동차보다 거미 1마리를 더 무서워해. 바다에서 고래를 보면 감동이 밀려오고, 새들이 지저귀는 숲속에 있으면 마음이 편안해져. 고양이가 그르릉거리고 강아지가 우리를 보고 꼬리를 흔들 때 우리는 왜 그렇게 기분이 좋은 걸까?

자연과 함께 있을 때 우리의 뇌파가 변하기 때문이야!
심장 박동이 느려지고 스트레스 호르몬이 줄어들어!
우리가 옛날에 자연에 살던 야생의 동물이었기 때문인지 몰라.

지구에서 우리는 외톨이가 아니야. 수많은 동물과 식물이 지구에 함께 있었어.

원시인이 돌도끼를 들고 걸어가던 시절에는 모든 대륙에 커다란 동물들이 살았어. 북아메리카 평원에는 매머드와 마스토돈, 검치호랑이, 털코뿔소, 땅늘보, 거대한 짧은얼굴곰, 거대한 비버, 코에 뿔이 난 낙타와 사자들이 살고 있었어. 그런데 이 거대 동물들이 1만 2000년 전에 지구에서 모두 사라져 버렸어.

무슨 일이 일어났던 걸까?

과학자들 사이에 의견이 분분했는데 범인이 인간인 걸로 밝혀졌어. 빙하기에 꽁꽁 얼어 있었던 베링 해협을 걸어 인간이 북아메리카 대륙에 도착했어. 그리고 2000년도 안 되어 커다란 포유동물의 70퍼센트가 사라졌어.

5만 년 전, 오스트레일리아 대륙에서도 심각한 멸종이 일어났어. 키가 240센티미터를 넘었던 대형 캥거루, 거대 왕도마뱀, 멧돼지만 한 바늘두더지, 주머니사자, 거대 비단뱀…… 오스트레일리아 대륙에만 살던 동물들이 사라져 갔어. 인간이 오스트레일리아 대륙에 도착한 때와 거의 같은 무렵에 말이야.

1만 2000년 전 유라시아 대륙에서는 매머드, 무소, 엘크, 하이에나,
동굴사자, 동굴곰과 호랑이가 사라졌어.
인간은 지구의 모든 원시림과 모든 섬, 모든 사막을 횡단했어.
1741년, 탐험가 비투스 베링의 배가 난파하여 태평양의 어느 섬에
도착했을 때, 스텔러라는 선원이 낯선 생물을 발견했어.
스텔러바다소는 인간에게 발견된 지 28년 만에 지구에서 영영 사라져
버렸어!

> 인간이 가는 곳곳마다
> 거기에 살고 있었던
> 야생 동물들이 사라져 갔어.

사람이 살지 않았고 사람에게 발견되지도 않았던 남극 대륙만이
멸종을 피해 야생의 동물들이 살아남았어.
지구에서 단 하나의 동물종이 그렇게 했던 적은 한번도 없었어.
그 동물종은 바로 털이 없고, 다리가 2개이고, 뇌가 크고, 말을 할 수
있는 영장류의 한 종이야!

강산무진도(부분)
이인문, 18세기, 국립중앙박물관

시간이 별로 없어!

이 그림은 꼭 국립중앙박물관에 가서 보아야만 해.
가로가 10미터에 가까운 기~다란 두루마리에 그린 대작이거든!
조선 시대 후기의 궁중 화가 이인문이 그린 〈강산무진도〉라는
그림이야.
강산무진!
끝없이 펼쳐진 강과 산이라는 뜻이야.
끝없이 펼쳐진 강과 산을 그리기 위해 화가는 5폭의 비단을 이어
붙여 묵과 담채로 웅장한 그림을 그렸어.
책속에 그림을 다 담을 수 없으니 일부분만 옮겨 놓아 전체 이야기를
알 수 없고 그림을 알아보기도 힘들어. 하지만 국립중앙박물관에
가서 직접 본다면 그림의 웅장함을 느낄 수 있어. 조선 시대 사람들이

그리던 자연의 풍경도!

〈강산무진도〉는 기다란 두루마리에 그려졌기 때문에 두루마리를 펼치며 천천히 오른쪽에서 왼쪽으로 그림을 보게 되어 있어. 기다란 그림을 따라 관객들도 풍경 속으로 빨려 들어가. 희뿌연 안개 속에 비탈진 언덕과 낮은 산들이 나타나다가 다리를 지나고 계곡을 지나 차츰차츰 험준한 산속으로 들어가. 산세가 험해질수록 화가의 붓질도 거칠고 과감해져. 험준한 산중턱에 집들과 사원이 있고 강에는 짐을 실어나르는 배와 고깃배가 떠다녀.

〈강산무진도〉에는 다양한 풍경 속에 수많은 사람들이 등장해. 다리를 건너는 사람, 짐을 나르는 사람, 가마와 가마꾼, 나무 아래 쉬는 사람들, 농사짓는 사람, 나귀를 타고 가는 사람, 두런두런 원두막에 모여든 사람들…….

〈강산무진도〉 전체에는 모두 360명의 사람들이 그려져 있어! 풍경 속에 꼬물꼬물 사람들이 정말로 살고 있을 것만 같아. 화가 이인문은 소나무를 즐겨 그렸는데 이 그림 속에도 수백수천 그루 소나무를 그려 넣었어.

하지만 〈강산무진도〉는 실제의 풍경이 아니야. 조선 시대 사람들이 마음속에 그리던 자연과 일상의 모습을 그린 거야. 강과 산이 끝없이 펼쳐지는 자연 속에서 물고기를 잡고 농사를 지으며 여행을 다니는 보통 사람들의 하루하루가 그려져 있어.

놀랍기만 해.

300년 전 조선 시대 사람들도 자연과 인간이 평화롭게 공존하는 세상을 꿈꾸었다니!

조선 시대의 사람들이 지금의 도시를 본다면 어떨까? 자연은 온데간데없고 호랑이와 표범, 늑대, 사슴, 곰, 여우, 소똥구리가 사라져 버린 세상을 믿을 수 있을까?

이제 우리는 자연에서 너무 멀리 떨어져 살고 있어서 우리와 함께 사는 생물들이 사라지는 것조차 알아채지 못해. 산양, 수달, 삵, 검은머리갈매기, 검독수리, 금개구리가 우리나라에서 영영 사라지려 하고 있다는 걸 아무도 몰라.

아이들은 800개도 넘는 포켓몬의 이름을 줄줄 외울 수 있지만, 우리와 함께 자연에 살고 있는 야생 동물의 이름을 대라면 몇 개쯤 댈 수 있을까?

이제 우리 주변에서는 야생의 동물을 거의 볼 수 없어. 야생 동물들의 땅을 인간이 거의 다 차지해 버렸기 때문이야. 인간은 이제 우리가 야생 동물이었다는 것도 까마득히 잊어버렸어.

우리가 돌도끼를 들고 다니던 시절, 자연에서 돌아다닌 인간의 수는 지구 전체에 몇 백만이었어. 서울의 인구보다 적은 사람들이 지구 전체에 흩어져 살았다는 이야기야. 1만 년 전 농사를 지을 때도 인간의 수는 자연을 위협할 정도가 아니었어. 인간이 자연에 위협적인 존재가 된 건 겨우 몇백 년 전부터야.

300년 전에 지구의 인구는 10억이 되었고, 1970년에는 40억, 2022년 11월 15일에 지구의 인구는 80억이 되었어!

10,000,000,000

2050년에는 지구의 인구가
100억 명이 될 거라는 거야!

이제 지구에는 사람과 사람이 만들어 낸 물건의 무게가 모기부터 코끼리까지, 지구의 모든 생물의 무게보다 8배 더 많아!
사람들이 살 땅과 사람들이 쓸 물건을 만들기 위해 해마다 지구의 숲이 사라져. 1초마다 축구장 1개 넓이의 숲을 베어 내.

2022년에는 매일매일 축구장 3,000개 넓이의 숲이 사라졌어.

사람들이 숲으로 더 들어가 나무들을 베어 낼 때마다 살아남은 동물들이 점점 더 좁은 곳으로 밀려나. 숲이었던 곳에 제일 먼저 도로가 뚫려. 마을이 들어서고, 숲을 밀어낸 자리에 대규모 농사를 지어. 지구에 있는 땅의 3분의 1이 농지인데 대부분의 땅에 가축의 사료가 될 곡물이 자라. 인간에게 고기를 제공해 주어야 하기 때문이야.

지구에 있는 땅의 대부분에 인간과 가축의 식량으로 겨우 몇 가지 식물종만이 엄청난 양으로 재배되고 있다는 사실이 무엇보다 위험해. 거의 모든 땅에 유전자가 똑같은 식물들이 자라고 있기 때문에 지구가 점점 더워져 더위를 견뎌 낼 수 없게 되거나 새로운 병원균이 나타나면 대량으로 멸종할 위기에 놓여 있어.

이제 지구의 육상 동물 가운데 야생 동물은 3퍼센트밖에 남지 않았어. 나머지 97퍼센트가 인간과 가축, 반려동물이라면 믿을 수 있겠어? 바다에도 야생 동물이 얼마 남지 않았어. 물고기는 인간이 대량으로 사냥하고 있는 마지막 남은 야생 동물이야. 지난 50년 동안 세계의 물고기 수가 절반으로 줄어들었어. 사람들이 점점 더 먼 바다로 나가 그물을 내리고 물고기를 싹쓸이하기 때문이야.

거대한 공사로 물가의 생태계도 위협받고 있어. 수많은 야생 동물이 하구와 습지에서 번식하는데 요란한 토목 공사로 수많은 생물의 서식지가 파괴되고 있어.

지구에서 식물과 동물을 모두 몰아내면 마침내 인류도 멸종할 거야. 자연을 왜 보호해야 하냐고? 어쩌면 우리는 엄청나게 착각하고 있는지 몰라. 자연은 보호가 필요 없어. 대멸종이 와도 자연은 지구에 다시 시작될 거야. 문제는 자연이 없으면 이제 인류가 멸종한다는 거야.

우리를 보호하기 위해 자연을 보호해야만 해!

시간이 너무 없어!

너는 무얼 할 거야?

찾아보기

가축 24, 177
개과 동물 56, 67
고양잇과 38, 48, 67
곰과 동물 66, 67
국립 공원 32, 33, 35
국립생태원 50, 93, 101, 111, 120, 128, 137, 161
그로 미셸 150, 153
대멸종 177
덫 41, 42, 69
동물원 12, 20, 21, 37, 42, 43, 59, 64
로드킬 50
먹이 39, 41, 50, 56, 58, 63, 64, 75, 77, 80, 83, 84, 93, 101, 104, 109, 108, 120, 127, 134, 137, 145
먹이 사슬 49, 50, 83, 109, 128
먹잇감 23, 24, 27, 49, 101
멸종위기 야생생물 I급 84, 101, 160
멸종위기 야생생물 II급 49, 114, 124
멸종위기종 17, 114, 143

멸종위기종복원센터 50, 93, 120, 128, 137, 161
밀렵 17, 24, 27, 42, 59, 69
반려동물 12, 37, 123, 177
번식지 117
보호 구역 27, 33
보호 시설 69
복원 사업 59, 77
불법 12, 33, 35, 59
사냥 12, 21~24, 31, 33, 35, 38, 42, 49, 56, 58, 79, 80, 84, 85, 101, 108, 109, 111, 114, 117, 120, 127, 177
사육 17, 59, 69, 137
산란탑 143
살충제 49, 108
생명 4
생물 50, 139, 145, 169, 174, 176, 177
생태계 49, 50, 79, 83, 84, 124, 128, 177
서식지 63, 85, 108, 161, 177
세계자연보전연맹 17, 84, 108

찾아보기

수릿과 96
실험동물 12, 14, 17
야생 17, 21, 24, 35, 46, 49, 56, 59, 69, 85, 111, 120, 152, 153, 160, 161, 167, 169, 174
야생 동물 4, 5, 45, 48~50, 134, 169, 174, 177
야생생물종 5
외래종 48, 83
위기 등급 17, 108
유전자 59, 93, 136, 149, 150, 153, 167, 176
육상 동물 177
인류 166, 167, 177
적색 목록 108
절멸 위급종 108
절멸 위기종 108
쥐약 49, 58
지표종 84
진화 157, 166, 167
짝짓기 27, 56, 75, 93, 139

천연기념물 143
천적 82, 84
철새 101, 104, 114
캐번디시 153
토종 59, 83, 92, 124
토착종 48
품종 92, 149, 150, 153
호모 사피엔스 5, 167
환경부 59, 136
DDT 109

참고도서

에드워드 오스본 윌슨 지음, 황현숙 옮김, 《생명의 다양성》, 까치, 1995

리처드 엘리스 지음, 안소연 옮김, 《멸종의 역사》, 아고라, 2006

스티븐 밀스 지음, 이상임 옮김, 《호랑이》, 사이언스북스, 2006

마크 오웬스, 델리아 오웬스 지음, 이경아 옮김, 《야생 속으로》, 상상의숲, 2008

로베르 바르보 지음, 강현주 옮김, 《격리된 낙원》, 글로세움, 2009

김익수 지음, 《그 강에는 물고기가 산다》, 다른세상, 2012

박소정 그림, 《민물고기 도감》, 보리, 2014

롭 던 지음, 노승영 옮김, 《바나나 제국의 몰락》, 반니, 2018

국립생태원 엮음, 《우리가 꼭 알아야 할 멸종위기 야생생물 I, II》, 국립생태원, 2020

디르크 슈테펜스 외 지음, 전대호 옮김, 《인간의 종말》, 해리북스, 2021

데이비드 애튼버러 지음, 이한음 옮김, 《경이로운 지구의 생명들》, 까치, 2023

글로리아 디키 지음, 방수연 옮김, 《에이트 베어스》, 알레, 2024